普通高等教育"十四五"规划教材
21世纪职业教育规划教材·汽车系列

视频资源

汽车保险与理赔

（第二版）

王 娜　代丽丽　◎主编

北京大学出版社
PEKING UNIVERSITY PRESS

内容简介

本书从高职教育的要求出发，以培养高技能应用型人才为目的，以实用性为主。突出工作过程的主线地位，结合岗位工作实际需求，以任务驱动为中心，将内容划分为4个学习项目。包括项目一"风险管理和汽车保险"、项目二"汽车保险产品"、项目三"汽车保险承保"和项目四"汽车保险理赔"。本书将知识与技能训练内容结合紧密，技能训练针对性强，符合技术技能人才培养目标的要求。

本书适合作为高等职业院校相关汽车专业的教材，同时也可作为保险从业人员的工具书及培训参考用书。

图书在版编目(CIP)数据

汽车保险与理赔 / 王娜，代丽丽主编. —— 2版.
北京：北京大学出版社，2024.10. ——（21世纪职业教育教材）. —— ISBN 978-7-301-35691-3

Ⅰ. F842.63

中国国家版本馆CIP数据核字第2024JG2557号

书　　　名	汽车保险与理赔（第二版） QICHE BAOXIAN YU LIPEI（DI-ER BAN）
著作责任者	王　娜　代丽丽　主编
策 划 编 辑	温丹丹
责 任 编 辑	张玮琪
标 准 书 号	ISBN 978-7-301-35691-3
出 版 发 行	北京大学出版社
地　　　址	北京市海淀区成府路205号　100871
网　　　址	http://www.pup.cn　新浪微博：@北京大学出版社
电 子 邮 箱	编辑部 zyjy@pup.cn　总编室 zpup@pup.cn
电　　　话	邮购部 010-62752015　发行部 010-62750672　编辑部 010-62754934
印 刷 者	河北文福旺印刷有限公司
经 销 者	新华书店
	787毫米×1092毫米　16开本　14.25印张　347千字 2017年2月第1版 2024年10月第2版　2024年10月第1次印刷
定　　　价	49.00元

未经许可，不得以任何方式复制或抄袭本书之部分或全部内容。
版权所有，侵权必究
举报电话：010-62752024　电子邮箱：fd@pup.cn
图书如有印装质量问题，请与出版部联系，电话：010-62756370

前　言

自第一辆汽车问世以来，汽车工业经历了迅猛的发展，如今，汽车已成为广泛普及的代步工具，日益深入地融入人们的日常生活。随着这一趋势，汽车保险行业也迅速发展，汽车保险市场规模持续扩大，进而对汽车保险从业人员的需求急剧增加。鉴于相关保险岗位对汽车保险理论知识与实操技能均有一定要求，因此，进行系统的理论学习与专业的技能训练不仅是个人提升的必要途径，也是职业岗位不可或缺的要求。为此，我们精心编写了《汽车保险与理赔（第二版）》一书。

本书具有如下特点：

1. 本书的开发根植于编者对企业现状、岗位能力、岗位人才需求和国家职业技能资格鉴定标准分析基础之上。在编写过程中，我们全面贯彻党的教育方针，落实"立德树人"根本任务，创新实践职业教育育人理念，融入企业要素，引入职业标准，注重知识的前沿性和实用性。本书内容以实际工作所要求的知识和技能为基础，及时吸纳行业企业的新技术、新规范，保障内容的科学性、前瞻性和适应性。

2. 本书紧密契合我国当前职业教育改革的新趋势，秉持"工学结合、知行合一"的教育理念，紧密围绕职业工作的实际需求，依据保险从业人员的技能要求精心设计了工作任务。本书内容以项目为引领，以工作任务为驱动，以完成岗位典型任务为目标，使学生在学习过程中实现理论知识的学习、实践技能的训练和职业素质的养成。

3. 本书内容不仅融入职业技能等级证书培训内容和职业技能等级标准的有关内容及要求，还增设真实案例及课后学习训练任务，这些内容旨在确保学生全面掌握职业技能等级证书制度所要求的知识和技能，进而为学生的高质量就业提供有力支持。

本书由黑龙江农业工程职业学院王娜、代丽丽担任主编，汪振凤、王建东担任副主编，黑龙江农业工程职业学院霍峰、中国太平洋财产保险股份有限公司哈尔滨中心支公司王淼担任主审，刘剑峰、袁诚坤、丁玎、李莹、李洪元、王丽娟参与编写工作。其中，任务一、任务二由汪振凤编写，任务三、任务四、任务五由王娜编写，任务六、任务七由王建东编写，任务八由袁诚坤编写，任务九由李洪元编写，任务十由王丽娟编写，任务十一、任务十二、任务十三由代丽丽编写，任务十四由刘剑峰编写，实训任务单和考核单由丁玎、李莹编写。在编写过程中，编者参考了相关著作和文献资料，得到了众多保险行业人员的帮助，在此一并表示衷心的感谢。

由于编者水平有限，书中难免存在不妥之处，恳请各位专家和广大读者批评指正。

编 者

2024 年 6 月

为了让读者进一步了解"汽车保险与理赔"的相关知识，本书配有相关教学视频，扫描右侧二维码即可观看。

目 录

项目一 风险管理和汽车保险

任务 1 风险管理 ·· 3
  1.1 风险概述 ··· 3
  1.2 风险管理 ··· 7
  1.3 保险 ·· 11

任务 2 汽车保险 ·· 16
  2.1 汽车保险的定义 ·· 16
  2.2 汽车保险的职能 ·· 17
  2.3 汽车保险的作用 ·· 18
  2.4 汽车保险的特征 ·· 19
  2.5 汽车保险的原则 ·· 19

项目二 汽车保险产品

任务 3 交通事故责任强制保险 ·· 29
  3.1 交强险概述 ·· 29
  3.2 交强险的特点 ··· 30
  3.3 交强险的保险责任、垫付与追偿责任免除和保险期间 ························· 31
  3.4 赔偿处理 ··· 33
  3.5 交强险费率 ·· 34

任务 4 商业险主险产品 ·· 41
  4.1 机动车损失保险 ·· 41
  4.2 新能源汽车损失保险 ··· 44
  4.3 机动车第三者责任险 ··· 46
  4.4 新能源汽车第三者责任险 ··· 49
  4.5 机动车车上人员责任险 ·· 49

4.6 新能源汽车车上人员责任险 ... 51
4.7 保险期间 ... 52
4.8 汽车保险费的计算 ... 52

任务 5　附加险产品 ... 57
5.1 附加绝对免赔率特约条款 ... 57
5.2 附加车轮单独损失险 ... 58
5.3 附加新增加设备损失险 ... 58
5.4 附加车身划痕损失险 ... 58
5.5 附加修理期间费用补偿险 ... 59
5.6 附加发动机进水损坏除外特约条款 ... 60
5.7 附加车上货物责任险 ... 60
5.8 附加精神损害抚慰金责任险 ... 60
5.9 附加法定节假日限额翻倍险 ... 61
5.10 附加医保外医疗费用责任险 ... 61
5.11 附加机动车（或新能源汽车）增值服务特约条款 ... 62
5.12 附加外部电网故障损失险 ... 64
5.13 附加自用充电桩损失险 ... 64
5.14 附加自用充电桩责任险 ... 64
5.15 附加险保险费计算 ... 65

项目三　汽车保险承保

任务 6　汽车保险展业 ... 71
6.1 汽车保险展业 ... 71
6.2 汽车保险购买途径 ... 75
6.3 汽车保险营销 ... 78
6.4 保险促成 ... 81

任务 7　汽车保险投保方案设计 ... 86
7.1 保险方案的内容 ... 86
7.2 制订保险方案的原则 ... 87
7.3 车险险种的选择 ... 87
7.4 常见险种组合方案 ... 89

任务 8　汽车保险合同 ... 94
8.1 汽车保险合同概述 ... 94
8.2 汽车保险合同的订立 ... 96
8.3 汽车保险合同的生效、变更、解除 ... 103

任务9 核保出单 ··· 110
  9.1 核保业务 ·· 110
  9.2 缮制和签发保险单证 ·· 115

任务10 续保、批改和退保 ·· 121
  10.1 续保 ·· 121
  10.2 批改 ·· 122
  10.3 退保 ·· 124

项目四 汽车保险理赔

任务11 报案调度 ··· 133
  11.1 电话礼仪 ·· 133
  11.2 调度派工 ·· 142

任务12 车险查勘 ··· 148
  12.1 事故现场查勘概述 ·· 148
  12.2 现场查勘的流程 ·· 156

任务13 定损核损 ··· 178
  13.1 车险定损要求 ··· 178
  13.2 车险定损要求 ··· 181
  13.3 核损 ·· 193

任务14 车险理算及案卷制作 ·· 200
  14.1 车险理赔基本原则 ·· 200
  14.2 车险理赔流程 ··· 202
  14.3 索赔的基本程序 ·· 206
  14.4 赔款计算及基本程序 ··· 210
  14.5 未决案件 ·· 210
  14.6 理赔案卷的制作和管理 ·· 213

参考文献 ··· 219

项目一
风险管理和汽车保险

学习任务

本项目主要是帮助初学者认识风险管理和汽车保险,分为2个学习任务。

任务1 风险管理

任务2 汽车保险

通过2个任务的学习,学生可以理解风险、风险管理、保险和汽车保险的定义;了解风险的分类以及风险管理的过程和方法;了解保险的分类以及汽车保险的特征和原则;能够运用风险理论对机动车辆进行风险识别;能够根据车辆的实际使用情况为顾客设计风险管理方案。

任务1 风险管理

任务引导

汽车保险销售人员经常会遇到前来咨询汽车保险相关问题的客户，他们对是否应为车辆购买保险产生疑问。此时，需要汽车保险销售人员在了解客户使用汽车的实际情况后，识别客户在车辆使用过程中所面临的当前风险和潜在风险，并判断风险的性质，同时为客户设计出最适合的风险管理方案，确保保险产品能够有效地为客户规避风险，发挥其应有的保障作用。你知道什么是风险吗？如何进行风险识别？如何进行风险管理方案的设计？

任务目标

☞ 知识目标

（1）掌握风险和保险的定义及分类。
（2）了解风险管理的定义和作用。
（3）能描述风险的特征、组成和风险管理的基本程序。
（4）能描述风险管理和保险的关系。

☞ 能力目标

（1）能运用风险理论为客户识别、分析车辆面临的风险。
（2）能够帮助客户进行风险管理方案的设计。
（3）严格执行工作现场"7S"［整理（Seiri）、整顿（Seiton）、清扫（Seiso）、清洁（Seiketsu）、素养（Shitsuke）、安全（Safety）、节约（Save）］管理。

任务资讯

1.1 风险概述

1.1.1 风险的特征

风险是指人们在生产、生活或对某一事项做出决策的过程中，未来结果的不确定性，包括正面效应和负面效应的不确定性。从经济角度而言，前者为收益，后者为损失。风险具有以下特征。

（1）客观性。

风险是客观存在的，人们只能在一定的时间和空间内改变风险存在和发生的条件，降低风险发生的频率和损失,却不能彻底消除风险。

(2) 普遍性。

风险是无时不在、无处不有的,它渗透到每个人的工作和生活的方方面面。

(3) 偶然性。

对某一个经济主体而言,风险是否发生,何时何地发生,损失有多大,事先是无法知道的。

(4) 可测性。

人们根据以往发生的一系列类似事件的统计资料来分析某种风险发生的频率及其造成的损失程度,从而对其进行预测、衡量与评估。

(5) 可变性。

风险并不是一成不变的,在一定条件下可以转化。这种转化包括风险性质的转化和风险量的转化,在一定的时间和空间范围内消除某些风险或产生新的风险等。

1.1.2 风险的组成要素

风险的组成要素包括风险因素、风险事故和损失。

1. 风险因素

风险因素是指那些引起风险事故、增加风险事故发生的概率或扩大损失程度的原因和条件。它们是导致风险事故发生的潜在原因,是造成损失的直接或间接原因。例如,酒后驾车、疲劳驾驶,车辆制动系统故障等。根据性质的不同,风险因素可分为物质风险因素、道德风险因素和心理风险因素。

(1) 物质风险因素。

此因素是指有形的,并能直接影响事物的物理功能的因素,即某一标的本身所具有的足以引起损失或增加损失机会和损失程度的客观原因和条件。例如,汽车的超速行驶、地壳的异常变化、恶劣的气候、疾病传染、环境污染等。

(2) 道德风险因素。

此因素是与人的品德修养有关的无形的因素,即指由于个人不诚实、不正直或有不轨企图而促使风险事故发生,以致引起社会财富损失或人身伤亡的原因和条件。例如,欺诈、纵火、贪污、盗窃等行为。

(3) 心理风险因素。

此因素是与人的心理状态有关的无形的因素,即由于个人的疏忽、漠不关心、存在侥幸心理或依赖保险的心理,以致增加风险事故发生的概率和损失程度的因素。例如,酒后驾车、驾驶有故障的车辆、企业或个人在投保财产保险后放松对财物的保护、个人投保人身保险后忽视对自身健康的维护等。

2. 风险事故

风险事故是指造成生命、财产损失的偶发事件,是造成损失的外在的和直接的原因。损失都是由风险事故造成的。风险事故使风险的可能性转化为现实,即导致风险的发生。

对于某一事件，在一定条件下，可能是造成损失的直接原因，则它称为风险事故；而在其他条件下，可能是造成损失的间接原因，则它便成为风险因素。例如，下冰雹使得路滑而造成车祸，进而导致人员伤亡，这时冰雹就是风险因素，车祸是风险事故；若冰雹直接砸坏车辆，则它就是风险事故。

3. 损失

在风险管理中，损失是指非故意的、非预期的和非计划的经济价值的减少，这是狭义的损失定义。显然，风险管理中的损失包括两个方面的条件：一为非故意的、非预期的和非计划的条件；二为经济价值的条件，即经济损失必须以货币来衡量，二者缺一不可。

在保险实务中，损失分为直接损失和间接损失。前者是直接的、实质的损失；后者包括额外费用损失、收入损失和责任损失。

4. 风险因素、风险事故和损失三者之间的关系

风险是由风险因素、风险事故和损失三者构成的统一体，它们之间存在着一种因果关系，如图1-1所示。

图1-1　风险组成要素之间的因果关系

例如，制动系统失灵酿成车祸而导致人员伤亡，其中，制动系统失灵是风险因素，车祸是风险事故，人员伤亡是损失。如果仅有制动系统失灵，而未导致车祸，则不会导致人员伤亡。

1.1.3　风险的分类

风险的分类方法有很多，现介绍几种与风险管理有密切关系的分类方法。

1. 根据风险损害的对象分类

根据风险损害的对象分类，风险可划分为财产风险、人身风险、责任风险和信用风险，见表1-1。

表1-1　根据风险损害的对象分类

分类	含义
财产风险	因发生自然灾害、意外事故而使个人或单位占有、控制或照看的财产遭受损失、灭失或贬值的风险
人身风险	在日常生活以及经济活动过程中，人的生命或身体遭受各种形式的损害，造成人的经济生产能力降低或丧失的风险，包括死亡、残疾、疾病、生育、年老等损失形态
责任风险	因个人或团体的疏忽或过失行为而造成他人的财产损失或人身伤亡，按照法律、契约应负法律责任或契约责任的风险
信用风险	又称违约风险，是指借款人、证券发行人或交易对方因种种原因，不愿或无力履行合同条件而构成违约，致使银行、投资者或交易对方遭受损失的可能性

2. 根据风险的性质分类

根据风险的性质分类，风险可划分为纯粹风险和投机风险，见表 1-2。

表 1-2　根据风险的性质分类

分类	含义
纯粹风险	有损失可能而无获利机会的风险，即造成损失可能性的风险。其所致结果有两种，即损失和无损失。人们通常所称的"危险"，也就是指这种纯粹风险
投机风险	既有损失机会，又有获利可能的风险。其所致结果有损失、无损失和盈利。在保险业务中，投机风险一般是不能列入可保风险之列的

3. 根据损失的原因分类

根据损失的原因分类，风险可划分为自然风险、社会风险、经济风险、技术风险、政治风险和法律风险，见表 1-3。

表 1-3　根据损失的原因分类

分类	含义
自然风险	因自然力的不规则变化所产生的现象而导致危害经济活动、物质生产或生命安全的风险
社会风险	具有导致社会冲突，危及社会稳定和社会秩序的可能性。更直接地说，社会风险意味着爆发社会危机的可能性。一旦这种可能性变成了现实性，社会风险就转变成了社会危机，对社会稳定和社会秩序都会造成灾难性的影响
经济风险	因经济前景的不确定性，各经济实体在从事正常的经济活动时，遭受经济损失的可能性
技术风险	伴随着科学技术的发展、生产方式的改变而产生的威胁人们生产与生活的风险
政治风险	由于政治原因，如政局的变化、政权的更替、政府法令和决定的颁布实施，以及种族和宗教冲突、叛乱、战争等引起社会动荡而造成损失的风险
法律风险	由于合约在法律范围内无效而无法履行，或者合约订立不当等原因引起的风险

4. 根据风险涉及的范围分类

根据风险涉及的范围分类，风险可划分为特定风险和基本风险，见表 1-4。对某些风险来说，特定风险和基本风险的界限会因时代背景和人们观念的改变而有所不同。

表 1-4　根据风险涉及的范围分类

分类	含义
特定风险	是指由个人行为引起的风险。它只与特定的个人或部门相关，不影响整个团体和社会。特定风险一般较易为人们所控制和防范
基本风险	是指由非个人行为引起的风险。它对整个团体乃至整个社会产生影响，而且是个人无法预防的风险。此外，基本风险也是指由特大自然灾害或重大政治事件引起的风险，风险事件一旦发生，涉及范围很广，属于人力不能抵御的风险

1.2 风险管理

1.2.1 风险管理的定义

风险管理是指经济单位通过风险识别、风险估测、风险评价,对风险实施有效的控制和妥善处理风险所致的损失,期望达到以最小的成本获得最大安全保障的管理活动。

风险管理是研究风险发生规律和风险控制技术的一门新兴管理学科,主要是为了适应现代企业自我发展和自我改造的能力。企业为了防止可能发生的风险与损失,以及解决损失后如何获得补偿等问题,必须进行风险识别、风险估测、风险评价,并在此基础上优化组合各种风险管理技术,对风险实施有效的控制和妥善处理风险所致损失的后果,期望达到以最小风险成本获得最大安全保障的目标。

1.2.2 风险管理的作用

(1) 增强风险面临者的安全保障程度。

风险管理可以保障风险面临者及其家庭免于遭受重大灾害损失的风险,解除其后顾之忧,使其敢于承担风险去创业和投资。通过有效的风险管理可以使个人及家庭节省保险费开支而不减少其安全保障。

(2) 降低经济组织的经营风险。

通过风险管理,选择恰当有效的风险管理技术,可以创造一个安全稳定的经营环境,有利于降低经济组织的经营风险,提高其经济效益。

(3) 保障社会稳定。

实施风险管理,采取风险保障措施,可以在一定程度上补偿风险受害者的损失,使家庭、经济组织在风险事故发生后能够继续维持生存,并有机会降低损失所造成的影响,从而减轻家庭、经济组织因受损给整个社会带来的不利影响,保障社会稳定。风险管理使得各经济组织的资源得到有效利用,使风险处理的社会成本下降,增加社会的经济效益。

1.2.3 风险管理的基本程序

风险管理的基本程序包括风险识别、风险估测、风险评价、选择风险管理技术和风险管理效果评价等环节,如图1-2所示。

图1-2 风险管理的基本程序

1. 风险识别

风险识别是风险管理的第一步,是指对企业面临的和潜在的风险加以判断、归类并对风险性质进行鉴定的过程。风险识别是对尚未发生的、潜在的和客观的各种风险进行系统的、连续的识别和归类,并分析产生风险事故的原因。风险识别主要包括感知风险和分析风险两方面内容。

感知风险是了解客观存在的各种风险，如机动车有碰撞、丢失、火灾等多种风险。分析风险是分析引起风险事故的各种因素，如具体分析导致机动车发生火灾的因素，线路短路、碰撞致使油箱漏油、被人纵火等都会引起机动车发生火灾。感知风险是风险识别的基础，分析风险是风险识别的关键。

2. 风险估测

风险估测是指在风险识别的基础上，通过对收集的大量的详细资料加以分析，运用概率论和数理统计，估计和预测风险发生的概率和损失程度。风险估测以损失频率和损失程度为主要测算目标。

损失频率的高低取决于风险单位数目、损失形态和风险事故；损失程度是指某一特定风险发生的严重程度。风险估测不仅使风险管理建立在科学的基础上，而且使风险分析定量化。损失分布的建立、损失概率和损失期望的预测为风险管理者进行风险决策、选择最佳管理技术提供了可靠的科学依据。它要求风险管理者从风险发生频率、发生后所致损失的程度和自身的经济情况入手，分析自己的风险承受力，为正确选择风险的处理方法提供依据。

3. 风险评价

风险评价是指在风险识别和风险估测的基础上，对风险发生的概率、损失程度，结合其他因素全面进行考虑，评估风险发生的可能性及其危害程度，并与公认的安全指标相比较，以衡量风险的程度，并决定是否需要采取相应的措施处理风险。风险评价需要一定费用，费用和风险损失之间的比例关系直接影响风险管理的效益。通过对风险性质的定性、定量分析和比较处理风险所支出的费用，来确定风险是否需要处理和处理程度，以判定为处理风险所支出的费用是否有效益。

4. 选择风险管理技术

根据风险评价结果，为实现风险管理目标，选择最佳风险管理技术与实施是风险管理中最重要的环节。风险管理技术分为风险控制法和风险财务法两大类。其中，风险控制法是指避免、消除风险或减少风险发生频率及控制风险损失扩大的一种风险管理方法。风险控制法的目的是降低损失频率和减弱损失程度，重点在于改变引起风险事故和扩大损失的各种条件。风险财务法是事先做好吸纳风险成本的财务安排，以便在财务上预留各种风险准备金，消除风险事故发生时所造成的经济困难和精神忧虑。

5. 风险管理效果评价

风险管理效果评价是分析、比较已实施的风险管理方法的结果与预期目标的契合程度，以此来评判管理方案的科学性、适应性和收益性。由于风险性质的可变性，人们对风险认识的阶段性以及风险管理技术正处于不断完善之中，因此，需要对风险的识别、估测、评价及管理方法进行定期检查、修正，以保证风险管理方法适应变化了的新情况。所以，我们把风险管理视为一个周而复始的管理过程。风险管理效益的大小取决于是否能以最小风险成本获得最大安全保障，同时还要考虑与整体管理目标是否一致以及具体实施的可能性、可操作性和有效性。

1.2.4 机动车风险及其识别

1. 机动车面临的风险

（1）道路交通事故的风险。

①车与车之间发生的碰撞。

②车与行人之间发生的碰撞。

③车辆自身的事故。

④其他事故。

（2）自然灾害风险。

自然灾害风险是指由于自然界的自然现象而引起的机动车的损害和驾乘者的人身伤害，例如，洪水、大风、泥石流、冰雹、暴雪、大雨、雷击、地震、海啸、塌方滑坡等自然现象引起的车辆损坏、碰撞、倾覆、火灾、爆炸等损害，以及继而引发的人身伤害。

（3）其他风险。

其他风险，如机动车被盗抢风险、高空坠物风险、交通事故导致精神损害风险等。

2. 机动车风险的识别

（1）车辆本身风险的识别。

①汽车的使用性质和目的。

汽车的使用性质不同，对其行驶里程、使用频率、损耗程度以及技术情况都有不同程度的影响。汽车的使用性质一般分为私用和商用，我国以营业和非营业为标准划分。私用汽车一般使用频率较低，发生事故的危险性相应低一些；而商用汽车使用频率较高，发生事故的危险性也较高。所以，汽车的使用性质不同，其所发生事故的危险性也不同；汽车的使用目的不同，其所发生事故的危险性就不同，确定保险费率的依据也不同。

②车型与厂牌、型号。

车型大小与发生事故的危险性有直接关系。一般大型汽车由于体积大、功率大、速度快，一旦发生事故后果严重，危害较大；而小型汽车发生事故的危险性相对低一些。现代汽车的车型很多，也很复杂，即便是同一型号的汽车，其安全性也不尽相同。因此，对汽车的车型及其危险性进行分类很重要。英国采用由保险公司成立的专门机构负责对各种车辆的安全性进行综合分类，作用十分明显。

因汽车的种类很多，不同汽车的配件价格、构造、性能差异很大，即使是同一厂牌的汽车，不同型号之间差异也很大。因此在厘定汽车保险费率时，厂牌和型号都是很重要的因素。

③车龄或汽车的实际价格。

车龄或汽车的实际价格是汽车已使用时间长短的评价指标，与汽车的折旧关系很大，直接影响到保险金额，也会影响到汽车的修理成本和使用危险性。车龄较大的汽车的技术性能明显不如新车，危险性比新车要大。因此，对于"从车主义"（费率考虑的因素以车为主）的汽车保险，车龄或汽车的实际价格是确定保险金额和厘定保险费率的重要依据之一。

④家庭或车主拥有的汽车数量。

如果一个家庭或一个家族拥有的汽车数量少，汽车的使用频率就会很高；同时，由于家庭成员的驾驶习惯不同，因此往往交通事故率较高。如果车主拥有多辆汽车，则有助于降低保险成本。

（2）驾驶风险的识别。

①驾驶人员的年龄与驾龄。

研究表明，驾驶人员的年龄是影响交通事故率的重要因素之一。交通事故的发生与驾驶人员的生理状况和心理状态密切相关。一般情况下，年轻人的心理未臻成熟，处于争强好胜阶段，往往容易超速驾车，因此交通事故率比年长者高；而老年人的生理机能日趋下降，反应较迟钝，交通事故率也较高。统计资料表明，驾驶人员的交通事故率在年轻时最高，然后逐年下降，在40～50周岁时为最低，此后又略有上升。因此，通过合理划分年龄档次来确定保险费率是"从人主义"（费率考虑的因素以人为主）汽车保险制度的通用做法。

②驾驶人员的性别与职业。

汽车驾驶人员的性别与交通事故率也有很大的关系。由于男性驾驶人员在驾驶汽车时较女性更易受干扰，所以交通事故率也较女性高。但当女性驾驶人员超过60周岁时，其交通事故率比男性略高。

不同的职业对人的情绪和体力的影响很大，同时也会影响人的心理状态。驾驶人员的职业反映了其生活习惯和生活方式，也影响到保险汽车的使用目的和使用范围，是导致交通事故的危险因素之一。

③驾驶人员的婚姻状况。

驾驶人员的婚姻状况对发生交通事故也有影响。如果驾驶人员已婚，家庭责任感和家人的督促会使其小心驾车，从而降低交通事故率；如果驾驶人员未婚，没有家庭牵挂，其驾车安全性显然不如已婚者，易发生交通事故。

④驾驶人员的生活习惯与事故记录。

驾驶人员是否有吸烟的生活习惯对交通事故也有影响。如果驾驶人员在汽车行驶途中吸烟，必然妨碍其驾驶操作，影响汽车行驶的安全性。而酗酒对驾驶人员的神经系统的影响尤为明显，会导致其反应迟钝、判断错误。酒后驾驶一直是导致交通事故的主要原因之一，因此大多数国家都明令禁止酒后驾驶。

⑤附加驾驶人员的数量。

由于附加驾驶人员个人情况差异较大，会增加交通事故率。附加驾驶人员的数量越多，事故危险性越大。

1.3 保险

1.3.1 风险管理与保险的关系

（1）二者研究的对象都是风险。

风险是风险管理与保险共同的研究对象，只是保险研究的是风险中的可保风险。

（2）风险是保险产生和存在的前提，无风险则无保险。

风险是客观存在的，不以人的意志为转移。风险的发生直接产生了人们对损失进行补偿的需要。于是人们开始对风险进行管理。保险是一种被社会普遍接受的经济补偿方式和风险管理的有效方法。所以风险是保险产生和存在的前提，风险的存在是保险关系确立的基础。

（3）保险是传统的、有效的风险处理措施。

转移是风险管理的重要手段，而保险作为转移方法之一，长期以来被人们视为传统的风险处理手段。保险可把不能自行承担的集中风险转嫁给保险人，以小额的固定支出换取对巨额风险的经济保障。

（4）保险经营效益受风险管理技术的制约。

风险管理技术对保险经营效益产生很大的影响。如对风险的识别是否全面，对风险损失的频率和造成损失的幅度估计是否准确，哪些风险可以接受承保，哪些风险不可以承保，保险的范围应有多大、程度如何，保险成本与效益的比较等，都制约着保险经营效益。

1.3.2 保险的定义及分类

1. 保险的定义

《中华人民共和国保险法》（简称《保险法》）第 2 条规定：本法所称保险，是指投保人根据合同约定，向保险人支付保险费，保险人对于合同约定的可能发生的事故因其发生所造成的财产损失承担赔偿保险金责任，或者当被保险人死亡、伤残、疾病或者达到合同约定的年龄、期限等条件时承担给付保险金责任的商业保险行为。

从经济角度看，保险是分摊意外事故损失的一种财务安排；从法律角度看，保险是一种合同行为，是一方同意补偿另一方损失的一种合同安排；从社会角度看，保险是社会经济保障制度的重要组成部分，是社会生产和社会生活"精巧的稳定器"；从风险管理角度看，保险是风险管理的一种方法。

2. 保险的分类

（1）根据保险标的分类。

根据保险标的分类，保险可分为财产保险和人身保险，见表 1-5。

表1-5　根据保险标的分类

分类	险种含义
财产保险	是投保人根据合同约定，向保险人交付保险费，保险人按保险合同的约定对所承保的财产及其有关利益因自然灾害或意外事故造成的损失承担赔偿责任的保险。财产保险包括财产损失保险、责任保险、保证保险、信用保险等以财产及其有关利益为保险标的的各种保险
人身保险	是以人的寿命和身体为保险标的，在被保险人的寿命或身体发生保险事故或保险期满时，依照保险合同的规定，由保险人向被保险人或受益人给付保险金的保险形式。人身保险包括人寿保险、意外伤害保险、健康保险等

（2）根据实施形式分类。

根据实施形式分类，保险可分为强制保险和自愿保险，见表1-6。

表1-6　根据实施形式分类

分类	险种含义
强制保险	是根据国家颁布的有关法律和法规，凡是在规定范围内的单位或个人，不管愿意与否都必须参加的保险。强制保险的实施形式有两种：一种是由国家通过立法程序公布强制保险条例来实施，并授权保险公司为执行机构，这种保险标的或对象的范围直接由法律或法规规定；另一种是由政府某些行政机关发布有关行政法规或命令，规定在一定范围内的人或物都必须投保，否则就不允许从事法律所许可的活动。这种保险对被保险人具有一定的约束力，然而对保险人来说，保险关系的产生仍需要双方签订保险合同。法律的强制性，是强制保险最根本的特征
自愿保险	也称"任意保险"，是指保险双方当事人通过签订保险合同，或是需要保险保障的人自愿组合、实施的一种保险。自愿保险的保险关系，是当事人之间自由决定、彼此合意后所成立的合同关系

（3）根据承保方式分类。

根据承保方式分类，保险可分为原保险、再保险、共同保险和重复保险，见表1-7。

表1-7　根据承保方式分类

分类	险种含义
原保险	原保险与再保险是相互对应的，也称"第一次保险"，是指保险人对被保险人因保险事故所致的损失直接承担原始赔偿责任的保险。原保险是保险人与投保人之间直接签订保险合同而建立保险关系的一种保险。在原保险关系中，保险需求者将其风险转嫁给保险人，当保险标的遭受保险责任范围内的损失时，保险人直接对被保险人承担赔偿责任
再保险	也称"分保"。我国《保险法》第28条规定：保险人将其承担的保险业务，以分保形式部分转移给其他保险人的，为再保险。再保险以原保险即第一次保险的存在为前提，所以也叫第二次保险。 再保险业务基本上可以分为两大类：一是以保险金额来计算再保险责任的比例再保险；二是以赔偿额来计算再保险责任的超额再保险。无论是哪一种，都必须通过再保险人与原保险人签订合同来确定。这种合同最明显的特征是再保险人仅对原保险人负责，与原被保险人不发生任何直接关系

（续表）

分类	险种含义
共同保险	简称"共保"。共同保险是两个或两个以上保险人联合承保同一笔保险业务或共同分担同一笔损失的保险行为
重复保险	是指投保人对同一保险标的、同一保险利益、同一保险事故分别与两个以上的保险人订立保险合同，且保险金额总和超过保险价值的保险

（4）根据经营目的及职能作用分类。

根据经营目的及职能作用分类，保险可分为社会保险与商业保险两大类，也是较为常见的一种保险分类，见表1-8。

表1-8　根据经营目的及职能作用分类

分类	险种含义
社会保险	是指国家为了预防和分担年老、失业、疾病以及死亡等社会风险，实现社会安全，而强制社会多数成员参加的，具有所得重分配功能的非营利性的社会安全制度
商业保险	是指通过订立保险合同，以营利为目的的保险形式，由专门的保险企业经营

任务实施

☞ **任务准备**

（1）防护装备：服装、抹布、灭火器。

（2）工具设备：整车、洽谈桌、名片、保险公司标签、电话、计算机或网络终端。

（3）辅助资料：笔、记录本、卡片、记号笔、翻纸板、参考书。

☞ **实施步骤**

（1）结合所提供客户信息，运用风险理论识别、分析客户车辆所面临的风险。

（2）上网查询机动车所面临的风险及降低损失的方法，并记录、分析。

利用搜索引擎，搜索"机动车发生事故的因素""降低风险损失的方法"等关键词，查询、记录和分析的信息包括：

①机动车面临的风险类型。

②影响机动车发生事故的因素。

③降低机动车风险损失的有效方法。

（3）根据查询的信息，填写并完成任务报告。

📖 任务报告

任务：机动车风险识别			
班级		姓名	
组别		组长	

1. 接受任务（5分）　　　　　　　　　　得分：

你是一名汽车技术服务与营销专业的二年级学生，现在开始学习"汽车保险与理赔"这门专业课程。需要结合客户车辆实际使用情况，帮助客户的车辆进行风险识别。请利用教材、参考书及网络资源进行检索并将相关信息总结、记录到报告中

2. 信息收集（20分）　　　　　　　　　得分：

（1）结合所提供客户信息，运用风险理论识别、分析客户车辆所面临的风险；
（2）上网查询影响机动车发生事故的因素和降低车辆风险损失的有效方法，并记录、分析

3. 制订计划（15分）　　　　　　　　　得分：

请根据工作任务制订工作计划及任务分工。

序号	工作内容	工作要点	负责人

4. 计划实施（50分）　　　　　　　　　得分：

（1）结合所提供客户信息，进行客户车辆所面临的风险分析。（20分）

面临风险	
风险类型	

（2）查询并记录影响机动车发生事故的因素。（20分）

影响机动车发生事故的因素	
影响客户车辆发生事故的因素	

（3）查询并记录降低机动车风险损失的有效方法。（10分）

可保风险的条件	

5. 检查评价(10分)　　　　　　　　　　得分：

请根据成员在完成任务中的表现及工作结果进行评价。
自我评价：_____
小组评价：_____

任务总成绩：

项目一　风险管理和汽车保险

实操训练

模块：汽车营销评估与金融保险服务技术（初级）		考核时间：50分钟	
姓名：	班级：	学号：	考评员签字：
初评：☞合格 　　　☞不合格	复评：☞合格 　　　☞不合格	师评：☞合格 　　　☞不合格	
日期：	日期：	日期：	
考核项目：汽车保险与按揭作业流程［实操考核报告］			

1. 学生根据任务描述，记录车辆信息。

车牌号码		发动机号码		厂牌、型号	
车牌底色		机动车种类		使用性质	
核定载客/人		已使用年限/年		行驶里程/km	
车架号（VIN）					

2. 根据李先生车辆使用情况，完成风险管理方案设计。

咨询人姓名		展业单号		制单人	
性别	男◎　女◎	出生年月		制单日期	
联系电话		职业		购买日期	
车辆用途		行驶区域		购买价格/元	
爱好、习惯		固定停车地点	有◎　无◎	人身意外保险	有◎　无◎
咨询人住址					
风险识别					
风险管理方法					

任务 2 汽 车 保 险

任务引导

随着经济和社会的不断发展,人民生活水平日益提高,汽车被广泛用于生产和生活的各个领域,同时由于汽车使用而引发的交通安全问题也越来越突出,这也促进了汽车保险业务的快速增长。那你知道什么是汽车保险吗?你对汽车保险的特征了解吗?

任务目标

☞ **知识目标**
（1）学会汽车保险的定义、职能和作用。
（2）了解汽车保险的特征。
（3）能描述汽车保险的原则。

☞ **能力目标**
（1）能向客户介绍相关的汽车保险知识。
（2）能进行汽车保险原则应用分析。
（3）严格执行工作现场"7S"管理。

任务资讯

2.1 汽车保险的定义

汽车保险即机动车保险,简称"车险"。它是指机动车由于自然灾害或意外事故而造成的人身伤亡或财产损失提供经济赔偿责任的一种商业保险,是以汽车、电车、电瓶车、摩托车、拖拉机等机动车为汽车保险标的的一种保险。汽车保险是财产保险的一种,在财产保险领域中属于一个相对较新的险种,它是伴随着汽车的出现和普及而产生和发展的。汽车保险具体可分商业险和交强险（即机动车交通事故责任强制保险）。其中,商业险又包括主险和附加险两个部分。

汽车保险相关专业术语的解释见表 2-1。

表 2-1　汽车保险相关专业术语的解释

专业术语	解释
保险人	是指与投保人订立保险合同，并按照合同约定承担赔偿或者给付保险金责任的保险公司
投保人	是指与保险人订立保险合同，并按照保险合同负有支付保险费义务的人。一般为机动车的所有人、管理人和使用人
被保险人	是指拥有或使用各种机动交通工具的法人单位和个人。投保人可以为被保险人。被保险人可以是法人
保险标的	也称"保险对象""保险项目""保险保障的对象"。它是依据保险合同双方当事人要求确定的
保险利益	是指投保人或者被保险人对保险标的具有的法律上承认的利益
保险合同	是指投保人与保险人约定保险权利义务关系的协议
保险价值	是指保险合同当事人议定的保险标的的价值
保险费	是指投保人为取得保险保障，按合同约定向保险人支付的费用。投保人按约定方式缴纳保险费是保险合同生效的条件
保险金额	是指保险人承担赔偿或者给付保险金责任的最高限额
责任限额	是指被保险机动车发生交通事故，保险人承担赔偿保险金责任的最高限额
保险事故	是指保险合同约定的保险责任范围内的事故
保险责任	是指保险公司承担赔偿或者给付保险金责任的项目
责任免除	又称"除外责任"，是指根据法律规定或合同约定，保险人对某些风险造成的损失补偿不承担赔偿保险金的责任
保险期间	又称"保险期限"，是指保险合同产生效力的起讫时间。保险期间内发生保险事故时，保险人须承担赔付责任。车险的保险期间一般是一年

2.2 汽车保险的职能

　　保险的基本职能就是组织经济补偿和实现保险金的给付。同样，这也是汽车保险的基本职能。汽车保险的职能就是使汽车用户以缴纳保险费为条件，将自己可能遭受的风险成本全部或部分转嫁给保险人。汽车保险是一种重要的风险转嫁方式，在大量的风险单位集合的基础上，将少数被保险人可能遭受的损失后果转嫁到全体被保险人身上，而保险人作为被保险人之间的中介对其实行经济补偿。汽车保险可将拥有汽车的企业、家庭和个人所面临的种种风险及其损失后果得以在全社会范围内分散与转嫁。汽车保险是现代社会处理风险时一种非常重要的手段，是风险转嫁中一种最重要、最有效的技术，是不可缺少的经济补偿制度。

2.3 汽车保险的作用

我国自1980年恢复保险业务以来，汽车保险业务已经取得了长足的进步，尤其是伴随着汽车进入百姓的日常生活，汽车保险正逐步成为与人们生活密切相关的经济活动，其重要性和社会性也正逐步凸显，作用越发明显。

1. 扩大消费者对汽车的需求

从目前经济发展情况看，汽车工业已成为我国经济健康、稳定发展的重要动力之一。汽车产业政策在国家产业政策中的地位越来越重要。汽车产业政策要产生社会效益和经济效益，要成为中国经济发展的原动力，离不开汽车保险与其配套服务。汽车保险业务自身的发展对于汽车工业的发展起到了有力的推动作用。汽车保险的出现，解除了企业与个人对使用汽车过程中可能出现的风险的担心，在一定程度上提高了消费者购买汽车的欲望，扩大了对汽车的需求。

2. 稳定社会公共秩序

随着我国经济的发展和人民生活水平的提高，汽车作为重要的生产运输和代步的工具，成为社会经济及人民生活中不可缺少的一部分，其作用显得越来越重要。汽车作为一种保险标的，虽然单位保险金不是很高，但数量多且分散。汽车所有者为了转嫁使用汽车带来的风险，愿意支付一定的保险费以进行投保。在汽车出险后，投保人可从保险公司获得经济补偿。由此可以看出，开展汽车保险既有利于社会稳定，又有利于保障保险合同当事人的合法权益。

3. 促进了汽车安全性能的提高

在汽车保险业务中，经营管理与汽车维修行业及其价格水平密切相关。原因是在汽车保险的经营成本中，事故车辆的维修费用是重要的组成部分，同时车辆的维修质量在一定程度上体现了汽车保险产品的质量。保险公司出于有效控制经营成本和风险的需要，除了加强自身的经营业务管理外，必然会加大对事故车辆修复工作的管理，这在一定程度上提高了汽车维修质量管理的水平。同时，汽车保险的保险人从自身和社会效益的角度出发，联合汽车生产厂家、汽车维修企业开展汽车事故原因的统计分析，研究汽车安全设计新技术，并为此投入大量的人力和财力，从而在汽车安全性能方面有所提高。

4. 汽车保险业务在财产保险中占有重要的地位

目前，大多数发达国家的汽车保险业务在整个财产保险业务中占有十分重要的地位。美国汽车保险的保险费收入占财产保险总保险费的45%左右，占全部保险费的20%左右。亚洲地区的日本汽车保险的保险费占整个财产保险总保险费的比例高达58%左右。

从我国情况来看，随着积极的财政政策的实施，对道路交通建设的投入越来越多，汽车保有量逐年递增，汽车保险业务保险费收入每年都以较快的速度增长。在国内各保险公司中，汽车保险业务保险费收入占其财产保险业务总保险费收入的50%以上，部分公司的汽车保险业务保险费收入占其财产保险业务总保险费收入的60%以上。汽车保险业务经营的盈亏，直接关系到整个财产保险行业的经济效益。可以说，汽车保险业务的效益已成为财产保险公司效益的"晴雨表"。

2.4 汽车保险的特征

1. 保险标的出险率较高

汽车是陆地上的主要交通工具。由于其经常处于运动状态，总是载着人或货物不断地从一个地方开往另一个地方，很容易发生碰撞及其他意外事故，造成人身伤亡或财产损失。由于车辆数量的迅速增加，一些国家的交通设施及管理水平跟不上车辆数量的增加速度，再加上驾驶人的疏忽、过失等人为原因，交通事故发生频繁，汽车出险率较高。

2. 业务量大，投保率高

由于汽车出险率较高，汽车的所有者需要以保险方式转嫁风险。各国政府在不断改善交通设施、严格制定交通规章的同时，为了保障受害人的利益，对第三者责任险实施强制保险。

保险人为适应投保人转嫁风险的不同需要，为被保险人提供了更全面的保障，在开展车辆损失险和第三者责任险的基础上，推出了一系列附加险，使汽车保险成为财产保险中业务量较大、投保率较高的一个险种。

3. 扩大保险利益

在汽车保险中，针对汽车的所有者与使用者不同的特点，汽车保险条款一般规定：保险人不仅在被保险人本人使用被保险车辆并发生保险事故时要承担赔偿责任，而且凡是在被保险人允许的驾驶人使用车辆时，也视为其对保险标的具有保险利益，即如果发生保险单上约定的事故，保险人同样要承担事故造成的损失。保险人须说明汽车保险以"从车"为主，凡经被保险人允许的驾驶人驾驶被保险人的汽车造成保险事故的损失，保险人须对被保险人负赔偿责任。此规定的目的是为被保险人提供更充分的保障，并非违背保险利益原则。但如果在保险合同有效期内，被保险人将被保险汽车转卖、转让、赠送他人，被保险人应当书面通知保险人并申请办理批改。否则，当保险事故发生时，保险人对被保险人不承担赔偿责任。

4. 被保险人自负责任与无赔款优待

为了促使被保险人注意维护、养护车辆，使其保持安全行驶技术状态，并督促驾驶人注意安全行车，以减少交通事故，保险合同上一般规定：驾驶人在交通事故中负有责任时，机动车损失保险和机动车第三者责任险在符合赔偿规定的金额内实行绝对免赔率；被保险汽车在保险期限内无赔款，续保时可以按保险费的一定比例享受无赔款优待。以上两项规定，虽然分别是对被保险人的惩罚和优待，但要达到的目的是一致的。

2.5 汽车保险的原则

在汽车保险过程中，要遵循的基本原则就是《保险法》的基本原则，即集中体现

《保险法》本质和精神的基本准则，它既是保险立法的依据，又是保险活动中必须遵循的准则。《保险法》的基本原则是通过《保险法》的具体规定来实现的；而《保险法》的具体规定，必须符合基本原则的要求。

2.5.1 保险与防灾、减损相结合的原则

保险从根本上说，是一种危险管理制度，目的是通过危险管理来防止或减少危险事故，把危险事故造成的损失缩小到最低限度，由此产生了保险与防灾、减损相结合的原则。

1. 保险与防灾相结合的原则

这一原则主要适用于保险事故发生前的事先预防。根据这一原则，保险人应对承保的危险责任进行管理，其具体内容包括：调查和分析保险标的的危险情况，据此向投保人提出合理建议，促使投保人采取防范措施并进行监督检查。向投保人提供必要的技术支援，共同完善防范措施和设备。对不同的投保人采取差别费率制，以促使其加强对危险事故的管理，即对事故少、信誉好的投保人给予降低保险费的优惠；反之，则提高保险费等。遵循这一原则，投保人应遵守国家有关消防、安全、生产操作及劳动保护等方面的规定，主动维护保险标的的安全，履行所有人、管理人应尽的义务；同时，按照保险合同的规定，履行危险增加通知义务。

2. 保险与减损相结合的原则

这一原则主要适用于保险事故发生后的事后减损。根据这一原则，如果发生保险事故，则投保人应尽最大努力积极抢险，避免事故蔓延、损失扩大，并保护出险现场，及时向保险人报案。而保险人则通过承担施救及其他合理费用来履行义务。

2.5.2 最大诚信原则

由于保险关系的特殊性，人们在保险实务中越来越感到诚信原则的重要性，要求合同双方当事人最大限度地遵守这一原则，故称最大诚信原则。具体来说，双方当事人不隐瞒事实，不相互欺诈，以最大诚信全面履行各自的义务，以保证对方权利的实现。最大诚信原则是合同双方当事人都必须遵循的基本原则，其表现为以下几个方面：

1. 履行如实告知义务

履行如实告知义务是最大诚信原则对投保人的要求。由于保险人面对广大的投保人，不可能一一去了解保险标的的各种情况，因此，投保人在投保时，应当将足以影响保险人决定是否承保、确定保险费率或增加特别条款的重要情况，向保险人如实告知。保险实务中一般以投保单为限，即对于投保单中询问的内容，投保人必须如实填写。除此之外，投保人不承担任何告知义务。

投保人因故意或过失而没有履行如实告知义务，将承担相应的法律后果，包括保险人可以据此解除保险合同；如果发生保险事故，保险人有权拒绝赔付等。

2. 履行说明义务

履行说明义务是最大诚信原则对保险人的要求。由于保险合同由保险人事先制定，投保人只有表示接受与否的选择，通常投保人缺乏保险知识和经验，因此，在订立保险合同

时，保险人应当向投保人说明合同条款内容。对于保险合同的一般条款，保险人应当履行说明义务。对于保险合同的责任免除条款，保险人应当履行明确说明义务。保险人未明确说明的，责任免除条款不发生效力。

3. 履行保证义务

这里的"保证"，是指投保人向保险人做出的承诺，保证在保险期间遵守作为或不作为的某些规则，或保证某一事项的真实性，因此，这也是最大诚信原则对投保人的要求。

保险上的保证有两种：一种是明示保证，即以保险合同条款的形式出现，是保险合同的内容之一，故为明示。例如，机动车保险中有遵守交通规则、安全驾驶、做好车辆维修和维护工作等条款，一旦合同生效，即构成投保人对保险人的保证，对投保人具有作为或不作为的约束力。另一种是默示保证，即这种保证在保险合同条款中并不出现，往往以社会上普遍存在或认可的某些行为规范为准则，并将此视作投保人保证作为或不作为的承诺，故为默示。例如，在财产保险附加盗窃险合同中，虽然没有明文规定被保险人外出时应该关闭门窗，但这是一般常识下应该做的行为，这种社会公认的常识，即构成默示保证，也成为保险人承保的基础，所以，因被保险人没有关闭门窗而招致的失窃，保险人不承担保险责任。

4. 弃权和禁止抗辩

弃权和禁止抗辩是最大诚信原则对保险人的要求。所谓弃权，是指保险人放弃法律或保险合同中规定的某项权利，如拒绝承保的权利、解除保险合同的权利等。所谓禁止抗辩，与弃权有紧密联系，是指保险人既然放弃了该项权利，就不得向被保险人或受益人再主张这种权利。

2.5.3 保险利益原则

我国《保险法》第12条规定：人身保险的投保人在保险合同订立时，对被保险人应当具有保险利益。财产保险的被保险人在保险事故发生时，对保险标的应当具有保险利益。人身保险是以人的寿命和身体为保险标的的保险。财产保险是以财产及其有关利益为保险标的的保险。被保险人是指其财产或者人身受保险合同保障，享有保险金请求权的人。投保人可以为被保险人。保险利益是指投保人或者被保险人对保险标的具有的法律上承认的利益。根据这条规定，保险利益原则主要有两层含义。其一，投保人在投保时，必须对保险标的具有保险利益，否则，保险就会丧失其补偿经济损失、给予经济帮助的功能。其二，是否有保险利益，是判断保险合同有效或无效的根本依据，缺乏保险利益要件的保险合同，自然不发生法律效力。

1. 财产保险利益

财产保险的保险标的是财产及其相关利益，其保险利益是指投保人对保险标的具有法律上承认的经济利益。财产保险的保险利益应当具备3个要素：

（1）必须是法律认可并予以保护的合法利益。

（2）必须是经济上的利益。

(3) 必须是确定的经济利益。

2. 人身保险利益

人身保险的保险标的是人的寿命和身体，其保险利益是指投保人对被保险人寿命和身体所具有的经济利害关系。由《保险法》第12条规定可知，人身保险的保险利益具有以下特点：

（1）是法律认可并予以保护的人身关系。

（2）人身关系中具有财产内容。

（3）构成保险利益的是经济利害关系。

经济利害关系虽然无法用金钱估算，但投保人与保险人在订立保险合同时，可以通过约定保额来确定。

保险利益原则在保险合同的订立、履行过程中，有不同的适用要求。就财产保险而言，投保人应当在投保时对保险标的具有保险利益；合同成立后，被保险人可能因保险标的的买卖、转让、赠与、继承等情况而变更，因此，在发生保险事故时，被保险人应当对保险标的具有保险利益，投保人是否具有保险利益已无关紧要。就人身保险而言，在投保时，投保人必须对被保险人具有保险利益，至于在发生保险事故时，投保人是否仍具有保险利益，则无关紧要。

2.5.4 损失赔偿原则

损失赔偿原则是财产保险特有的原则，是指在保险事故发生后，保险人在其责任范围内，对被保险人遭受的实际损失进行赔偿的原则。其内涵主要有以下几点：

（1）赔偿必须在保险人的责任范围内进行，即保险人只有在保险合同规定的期限内，以约定的保险金额为限，对合同中约定的危险事故所致损失进行赔偿。保险期限、保险金额和保险责任是构成保险人赔偿的不可或缺的要件。

（2）赔偿额应当等于实际损失额。按照民事行为的准则，赔偿应当和损失等量，被保险人不能从保险上获得额外利益。因此，保险人赔偿的金额，只能是保险标的实际损失的金额。换言之，保险人的赔偿应当恰好使保险标的恢复到保险事故发生前的状态。

（3）损失赔偿是保险人的义务。据此，被保险人提出索赔请求后，保险人应当按主动、迅速、准确、合理的原则，尽快核定损失，与索赔人达成协议并履行赔偿义务；当保险人未及时履行赔偿义务时，除支付保险金外，应当赔偿被保险人因此受到的损失。

2.5.5 近因原则

（1）近因原则的含义。

近因原则的含义是，损害结果必须与危险事故的发生具有直接的因果关系，若危险事故属于保险人责任范围的，保险人就赔偿或给付。在实际生活中，损害结果可能由单因或多因造成。单因比较简单，多因则比较复杂，主要有以下几种情况：

① 多因同时发生。

若同时发生的都是保险事故，则保险人承担责任；若其中既有保险事故，也有责任免除事项，保险人只承担保险事故造成的损失。

②多因连续发生。

两个以上灾害事故连续发生造成损害，一般以最近的（后因）、最有效的原因为近因，若其属于保险事故，则保险人承担赔付责任。但后果是前因直接自然的结果、合理连续或自然延续时，以前因为近因。

③多因间断发生。

多因间断发生即后因与前因之间没有必然因果关系，彼此独立。这种情况的处理与单因大致相同，即保险人视各种独立的危险事故是否属于保险事故而决定是否赔付。

（2）近因原则在汽车保险实务中的应用。

在汽车保险业务中，近因的确定对于认定是否属于保险责任具有十分重要的意义。坚持近因原则的目的是分清与风险事故有关各方的责任，明确保险人承保的风险与保险标的损失结果之间存在的因果关系。在实践中，由于致损的原因与损失结果之间的因果关系错综复杂，因此给判定近因和运用近因原则带来了困难。

2.5.6 权益转让原则

权益转让原则仅适用于财产保险，而不适用于人身保险。对于财产保险而言，权益转让原则，是指保险事故发生，保险人向被保险人支付了赔偿金之后，取得有关保险标的的所有权或者向第三者的索赔权。

2.5.7 分摊原则

分摊原则不适用于人身保险，而与财产保险业务中发生的重复保险密切相关。重复保险是指投保人对同一保险标的、同一保险利益、同一保险事故分别向两个以上保险人订立保险合同，且保险金额总和超过保险价值的保险。重复投保原则上是不允许的，但在事实上是存在的。其原因通常是由于投保人或者被保险人的疏忽，或者源于投保人希望在心理上获得更大的安全感。重复保险的投保人应当将重复保险的有关情况通知各保险人。

在重复保险的情况下，当发生保险事故时，对于保险标的所受损失，由各保险人分摊。如果保险金额总和超过保险价值，各保险人承担的赔偿金额总和不得超过保险价值。

📋 任务实施

☞ 任务准备

（1）防护装备：服装、抹布、灭火器。

（2）工具设备：保险公司标签、计算机或网络终端。

（3）辅助资料：卡片、记号笔、翻纸板、参考书。

☞ 实施步骤

（1）结合前面所学风险管理内容，分析风险管理和汽车保险的关系。

（2）上网查询汽车保险的发展历史，并记录、分析。

利用搜索引擎，搜索"汽车保险发展、保险要素、保险监管"等关键词，查询并记录和分析的信息包括：

①汽车保险的要素。

②汽车保险的起源及国内外汽车保险的发展现状。

③汽车保险的监管制度。

（3）根据查询的信息，填写并完成任务报告。

任务报告

任务：汽车保险的发展			
班级		姓名	
组别		组长	
1. 接受任务（5分）		得分：	
你是一名汽车技术服务与营销专业的二年级学生，现在开始学习"汽车保险与理赔"这门专业课程，需要去了解汽车保险的起源、发展进程及监管制度。请利用教材、参考书及网络资源进行检索并将相关信息总结、记录到报告中			
2. 信息收集（20分）		得分：	
（1）结合风险管理和汽车保险理论知识，分析风险管理和汽车保险的关系； （2）上网查询汽车保险的发展历史，并记录、分析			
3. 制订计划（15分）		得分：	
请根据工作任务制订工作计划及任务分工。			

序号	工作内容	工作要点	负责人

4. 计划实施（50分）	得分：
（1）结合风险管理和汽车保险理论知识，分析风险管理和汽车保险的关系。（20分）	

汽车保险的职能	
风险管理和汽车保险的关系	

（2）查询并记录汽车保险的发展历史。（20分）

汽车保险起源	
汽车保险在国外发展情况	
我国汽车保险发展现状	

（3）查询并记录汽车保险的监管制度。（10分）

汽车保险的要素	
汽车保险的监管制度	

（续表）

5. 检查评价（10分）	得分：
请根据成员在完成任务中的表现及工作结果进行评价。 自我评价： 小组评价：	
任务总成绩：	

实操训练

模块：汽车营销评估与金融保险服务技术（初级）		考核时间：50分钟	
姓名：	班级：	学号：	考评员签字：
初评：☞合格 　　　☞不合格	复评：☞合格 　　　☞不合格	师评：☞合格 　　　☞不合格	
日期：	日期：	日期：	
考核项目：汽车保险与按揭作业流程［实操考核报告］			

1. 学员根据任务描述，记录车辆信息。

车牌号码		被保险人		联系电话	
保单号		承保险种		保险期间	
发动机号码		厂牌型号		使用性质	
车架号（VIN）					

2. 根据汽车保险原则理论内容学习，完成汽车保险原则在汽车保险案例中的应用分析。

适用的《保险法》条款	
适用的汽车保险原则	
案例分析	

项目二
汽车保险产品

学习任务

本项目主要帮助初学者学习汽车保险产品，分为3个学习任务。

任务3　交通事故责任强制保险

任务4　商业险主险产品

任务5　附加险产品

通过3个任务的学习，学会交强险的相关条款内容；掌握机动车主险和附加险产品的保险责任、责任免除、保险限额和赔偿处理等；能够对机动车保险费进行计算；能够做好保险产品的介绍及解释工作。

任务 3　交通事故责任强制保险

任务引导

汽车极大地方便了人们的生活。由于汽车是一种具有流动性的特殊财产，极易发生意外事故，带来人员伤亡和财产损失，其损失概率远远大于普通财产，因此建立机动车交通事故责任强制保险（简称"交强险"）制度不仅有利于道路交通事故受害人获得及时有效的经济保障和医疗救治，而且有助于减轻交通事故肇事方的经济负担。你知道交强险有哪些特点吗？你了解交强险的条款内容吗？

任务目标

知识目标
（1）了解交强险的定义和特点。
（2）熟悉交强险的保险责任、责任免除、保险限额等。
（3）学会计算交强险保险费的方法。

能力目标
（1）能够运用所学知识进行交强险保险费的计算。
（2）能够为客户做好交强险产品的介绍及解释工作。
（3）严格执行工作现场"7S"管理。

任务资讯

3.1 交强险概述

交强险是指由保险公司对被保险机动车（即被保险车辆）发生道路交通事故所造成本车人员、被保险人以外的受害人的人身伤亡、财产损失，在责任限额内予以赔偿的强制性责任保险。

交强险的保障对象是被保险车辆致害的交通事故受害人，但不包括被保险车辆本车人员、被保险人。其保障内容包括受害人的人身伤亡和财产损失。在责任限额内的损失，由交强险先行赔付，超过限额部分再由商业机动车第三者责任险（简称"三者险"）或相关人员赔付。

交强险制度有利于道路交通事故受害人获得及时的经济赔付和医疗救治；有利于减轻

交通事故肇事方的经济负担，化解经济赔偿纠纷；有利于增强驾驶人员的交通安全意识，促进道路交通安全；有利于充分发挥保险的保障功能，维护社会稳定。此外，交强险还有利于普及保险知识，增强全民保险意识，其产生是保险业发展的重要历史机遇。保险公司要通过管理创新、经营创新、产品创新、服务创新，为社会提供全面丰富的保险保障和保险服务，树立良好的行业形象，促进保险业又好又快地发展。实施交强险制度是促进财产保险业诚信规范经营的有利契机。

3.2 交强险的特点

1. 鲜明的强制性

《机动车交通事故责任强制保险条例》第 2 条规定，在中华人民共和国境内道路上行驶的机动车的所有人或者管理人，应当依照《中华人民共和国道路交通安全法》（以下简称《道路交通安全法》）的规定投保交强险。交强险的强制性不仅体现在强制投保上，也体现在强制承保上。违反强制性规定的机动车所有人、管理人或保险公司都将受到处罚。未投保交强险的机动车不得上路，经营交强险的保险公司必须承保。

2. 体现"奖优罚劣"的原则

利用经济杠杆促使驾驶人员遵规守法是世界各国强制保险制度的通行做法，即安全驾驶者将享有优惠的费率，经常肇事者将负担高额保险费。对有交通违法行为和发生交通事故的保险车辆应当提高保险费率，对没有交通违法行为和没有发生交通事故的保险车辆应当降低保险费率。将交通违法行为、交通事故与保险费挂钩，这比单纯的行政处罚更有效。

《机动车交通事故责任强制保险条例》规定，被保险机动车没有发生道路交通安全违法行为和道路交通事故的，保险公司应当在下一年度降低其保险费率。在此后的年度内，被保险机动车仍然没有发生道路交通安全违法行为和道路交通事故的，保险公司应当继续降低其保险费率，直至最低标准。被保险机动车发生道路交通安全违法行为或者道路交通事故的，保险公司应当在下一年度提高其保险费率。多次发生道路交通安全违法行为、道路交通事故，或者发生重大道路交通事故的，保险公司应当加大提高其保险费率的幅度。在道路交通事故中被保险人没有过错的，不提高其保险费率。

3. 坚持社会效益原则

我国实施交强险制度，目的是维护社会公共利益，将保障受害人得到及时有效的赔偿作为首要目标，而不是为保险公司拓展销售渠道、牟取公司利益提供方便。为了使公众利益得到保护且保险公司得以正常经营，国务院保险监督管理机构按照交强险业务总体上"不盈利不亏损"的原则审批保险费率，并且要求交强险业务应当与其他业务分开管理，单独核算。国家金融监督管理总局将定期核查保险公司经营交强险业务的盈亏情况，以保护投保人的利益。

4. 突出以人为本，保障及时理赔

由于设立交强险制度的目的在于保障交通事故受害人依法得到及时的医疗救助及有效的经济补偿，因此，为防止保险公司拖延赔付、无理拒赔，保护交通事故受害人的利益，交强险规定了保险公司的及时答复、书面告知和限期理赔3项义务。

5. 明确保障对象

由《机动车交通事故责任强制保险条例》第21条可知，受害人不包括本车人员及被保险人。被保险车辆发生道路交通事故时的受害人，是交强险合同双方以外的第三者。但是，出于防范道德风险、降低成本等考虑，对受害第三者的范围做了限制。

将被保险人和本车人员排除在第三者范围之外，这符合交强险的原理且是多数国家的通行做法，这也有利于防止道德风险。

6. 实行无过错责任原则

《机动车交通事故责任强制保险条例》第3条规定，本条例所称机动车交通事故责任强制保险，是指由保险公司对被保险机动车发生道路交通事故造成本车人员、被保险人以外的受害人的人身伤亡、财产损失，在责任限额内予以赔偿的强制性责任保险。该规定贯彻了《道路交通安全法》第76条的有关规定，确立了交强险的无过错责任原则。

7. 实行救助基金制度

救助资金是按照交强险的保险费的一定比例提取的资金。道路交通事故社会救助基金是交强险的重要组成部分，担负了较大的社会职责。救助基金的数额直接影响强制保险保险费的高低，如果救助基金的数额无法确定，则将导致强制保险的费率无法确定，影响强制保险的收取。救助基金可以保证交通事故受害人得到及时、有效的赔偿。

3.3 交强险的保险责任、垫付与追偿责任免除和保险期间

1. 保险责任

《机动车交通事故责任强制保险条例》规定，在中华人民共和国境内，被保险人在使用被保险车辆过程中发生交通事故，致使受害人遭受人身伤亡或者财产损失，依法应当由被保险人承担损害赔偿责任，由保险人按照交强险合同的约定负责赔偿。交强险责任限额见表3-1。

表3-1 交强险责任限额

保障内容		责任限额/元	
		有责	无责
人身伤亡	死亡伤残	180000	18000
	医疗费用	18000	1800
财产损失		2000	100

死亡伤残赔偿限额是指被保险车辆发生交通事故，保险人对每次保险事故中所有受害人的死亡伤残费用所承担的最高赔偿金额。死亡伤残费用包括丧葬费、死亡补偿费、受害人亲属办理丧葬事宜支出的交通费用、残疾赔偿金、残疾辅助器具费、护理费、康复费、交通费、被抚养人生活费、住宿费、误工费，被保险人依照法院判决或者调解承担的精神

损害抚慰金。

医疗费用赔偿限额是指被保险车辆发生交通事故，保险人对每次保险事故所有受害人的医疗费用所承担的最高赔偿金额。医疗费用包括医药费、诊疗费、住院费、住院伙食补助费，必要的、合理的后续治疗费、整容费、营养费。

财产损失赔偿限额是指被保险车辆发生交通事故，保险人对每次保险事故所有受害人的财产损失承担的最高赔偿金额。

2. 垫付与追偿

被保险车辆在下列之一的情形下发生交通事故，造成受害人受伤需要抢救的，保险人在接到公安机关交通管理部门的书面通知和医疗机构出具的抢救费用清单后，按照国务院卫生主管部门组织制定的《道路交通事故受伤人员创伤临床诊疗指南》和国家基本医疗保险标准进行核实。对于符合规定的抢救费用，保险人在医疗费用赔偿限额内垫付。被保险人在交通事故中无责任的，保险人在无责任医疗费用赔偿限额内垫付。对于下列损失和费用，保险人不负责垫付和赔偿：

（1）驾驶人员未取得驾驶资格的。
（2）驾驶人员醉酒的。
（3）被保险车辆被盗抢期间肇事的。
（4）被保险人故意制造交通事故的。

对于垫付的抢救费用，保险人有权向致害人追偿。

3. 责任免除

对于下列损失和费用，交强险不负责赔偿和垫付：

（1）因受害人故意造成的交通事故的损失。
（2）被保险人所有的财产及被保险车辆上的财产遭受的损失。
（3）被保险车辆发生交通事故，致使受害人因停业、停驶、停电、停水、停气、停产、通信或者网络中断、数据丢失、电压变化等而受到的损失以及受害人财产因市场价格变动而造成的贬值，修理后因价值降低而引起的减值损失等其他各种间接损失。
（4）因交通事故而产生的仲裁或者诉讼费用以及其他相关费用。

4. 保险期间

除国家法律、行政法规另有规定外，交强险合同的保险期间为1年，以保险单载明的起止时间为准。

但有下列情形之一的可以投保短期保险：

（1）境外机动车临时入境的。
（2）机动车距规定的报废期限不足1年的。
（3）机动车临时上道路行驶的（如领取临时牌照的机动车、临时提车、到异地办理注册登记的新购机动车等）。
（4）国家金融监督管理总局规定的其他情形。

投保短期保险的，按照短期月费率计算保险费，不足1个月按1个月计算，短期基础保险费=年基础保险费×短期月费率系数。交强险短期月费率系数见表3-2。

表3-2 交强险短期月费率系数

保险期间/月	短期月费率系数/%
1	10
2	20
3	30
4	40
5	50
6	60
7	70
8	80
9	85
10	90
11	95
12	100

3.4 赔偿处理

（1）被保险车辆发生交通事故的，由被保险人向保险人申请赔偿保险金。当被保险人索赔时，应当向保险人提供以下材料：

①交强险的保险单。

②被保险人出具的索赔申请书。

③被保险人和受害人的有效身份证明、被保险车辆行驶证和驾驶人员的驾驶证。

④公安机关交通管理部门出具的事故证明，或者人民法院等机构出具的有关法律文书及其他证明。

⑤被保险人根据有关法律法规规定选择自行协商方式处理交通事故的，应当提供依照《交通事故处理程序规定》的规定记录交通事故情况的协议书。

⑥受害人财产损失程度证明、人身伤残程度证明、相关医疗证明以及有关损失清单和费用单据。

⑦其他与确认保险事故的性质、原因、损失程度等有关的证明和资料。

（2）当保险事故发生后，保险人按照国家有关法律法规规定的赔偿范围、项目和标准以及交强险合同的约定，并根据国务院卫生主管部门组织制定的交通事故人员创伤临床诊疗指南和国家基本医疗保险标准，在交强险的责任限额内核定人身伤亡的赔偿金额。

（3）因保险事故造成受害人人身伤亡的，未经保险人书面同意，被保险人自行承诺或支付的赔偿金额，保险人在交强险责任限额内有权重新核定。

因保险事故损坏的受害人财产需要修理的，被保险人应当在修理前会同保险人检验，协商确定修理或者更换项目、方式和费用。否则，保险人在交强险责任限额内有权重新核定。

（4）被保险车辆发生涉及受害人受伤的交通事故，因抢救受害人而需要保险人支付抢救费用的，保险人在接到公安机关交通管理部门的书面通知和医疗机构出具的抢救费用清单后，按照国务院卫生主管部门组织制定的《道路交通事故受伤人员创伤临床诊疗指南》和国家基本医疗保险标准进行核实，对于符合规定的抢救费用，在医疗费用赔偿限额内支付；对于被保险人在交通事故中无责任的，在无责任医疗费用赔偿限额内支付。

3.5 交强险费率

交强险价格与消费者切身利益息息相关，所以对交强险费率的厘定坚持"不盈利不亏损"的原则，也就是说，在厘定交强险费率时只考虑成本因素，不设定预期利润率。为了体现这一原则，国家金融监督管理总局采取了以下措施：一是要求保险公司将交强险业务与其他保险业务分开管理，单独核算；二是加大检查力度，每年对保险公司交强险业务情况进行检查并向社会公布，以便监督；三是根据保险公司交强险的总体盈亏，要求或允许保险公司调整交强险费率。

第一年的交强险费率实行全国统一保险价格，之后通过实行"奖优罚劣"的费率浮动机制，并根据各地区经营情况，逐步在费率中加入地区差异化因素等，进而实行差异化费率。

1. 交强险基础费率

交强险基础费率见表3-3。汽车交强险的基础费率共分42种，家庭自用车、非营业客车、营业客车、非营业货车、营业货车、特种车、摩托车和拖拉机等8大类42小类车型的保险费率各不相同。但对同一车型，全国执行统一价格。

表3-3 交强险基础费率

车辆大类	序号	车辆明细分类	保险费/元
家庭自用车	1	家庭自用汽车6座以下	950
	2	家庭自用汽车6座及以上	1100
非营业客车	3	企业非营业汽车6座以下	1000
	4	企业非营业汽车6～10座	1130
	5	企业非营业汽车10～20座	1220
	6	企业非营业汽车20座以上	1270
	7	机关非营业汽车6座以下	950
	8	机关非营业汽车6～10座	1070
	9	机关非营业汽车10～20座	1140
	10	机关非营业汽车20座以上	1320

(续表)

车辆大类	序号	车辆明细分类	保险费/元
营业客车	11	营业出租租赁 6 座以下	1800
	12	营业出租租赁 6～10 座	2360
	13	营业出租租赁 10～20 座	2400
	14	营业出租租赁 20～36 座	2560
	15	营业出租租赁 36 座以上	3530
	16	营业城市公交 6～10 座	2250
	17	营业城市公交 10～20 座	2520
	18	营业城市公交 20～36 座	3020
	19	营业城市公交 36 座以上	3140
	20	营业公路客运 6～10 座	2350
	21	营业公路客运 10～20 座	2620
	22	营业公路客运 20～36 座	3420
	23	营业公路客运 36 座以上	4690
非营业货车	24	非营业货车 2 吨以下	1200
	25	非营业货车 2～5 吨	1470
	26	非营业货车 5～10 吨	1650
	27	非营业货车 10 吨以上	2220
营业货车	28	营业货车 2 吨以下	1850
	29	营业货车 2～5 吨	3070
	30	营业货车 5～10 吨	3450
	31	营业货车 10 吨以上	4480
特种车	32	特种车一	3710
	33	特种车二	2430
	34	特种车三	1080
	35	特种车四	3980
摩托车	36	摩托车 50 CC① 及以下	80
	37	摩托车 50～250 CC（含）	120
	38	摩托车 250 CC 以上及侧三轮	400

(续表)

车辆大类	序号	车辆明细分类	保险费/元
拖拉机	39	兼用型拖拉机 14.7 kW 及以下	按《关于拖拉机交通事故责任强制保险行业协会费率的批复》（保监产险〔2007〕53号）实行地区差别费率
	40	兼用型拖拉机 14.7 kW 以上	
	41	运输型拖拉机 14.7 kW 及以下	
	42	运输型拖拉机 14.7 kW 以上	

注：①CC 为摩托车发动机的气缸工作容积单位，1CC＝1mL。

2. 费率浮动暂行办法

实行"奖优罚劣"费率浮动机制的目的是，利用费率杠杆这一经济调节手段来提高驾驶人员的道路交通安全法律意识，督促其安全行驶，以便有效预防和减少道路交通事故的发生。

交强险费率浮动系数从 2020 年 9 月 19 日 0 时起实行新方案，引入区域浮动因子。交强险费率浮动因素及浮动比率见表 3-4 至表 3-8。

表 3-4　内蒙古、海南、青海、西藏 4 个地区实行费率调整方案 A

浮动因素			浮动比率
与道路交通事故相联系的浮动 A	A1	上一年度未发生有责任道路交通事故	－30%
	A2	上两个年度未发生有责任道路交通事故	－40%
	A3	上三个年度及以上一年度未发生有责任道路交通事故	－50%
	A4	上一年度发生一次有责任不涉及死亡的道路交通事故	0%
	A5	上一年度发生两次及两次以上有责任道路交通事故	10%
	A6	上一年度发生有责任道路交通死亡事故	30%

表 3-5　陕西、云南、广西 3 个地区实行费率调整方案 B

浮动因素			浮动比率
与道路交通事故相联系的浮动 B	B1	上一年度未发生有责任道路交通事故	－25%
	B2	上两个年度未发生有责任道路交通事故	－35%
	B3	上三个年度及以上一年度未发生有责任道路交通事故	－45%
	B4	上一年度发生一次有责任不涉及死亡的道路交通事故	0%
	B5	上一年度发生两次及两次以上有责任道路交通事故	10%
	B6	上一年度发生有责任道路交通死亡事故	30%

表 3-6　甘肃、吉林、山西、黑龙江、新疆 5 个地区实行费率调整方案 C

	浮动因素		浮动比率
与道路交通事故相联系的浮动 C	C1	上一年度未发生有责任道路交通事故	-20%
	C2	上两个年度未发生有责任道路交通事故	-30%
	C3	上三个年度及以上一年度未发生有责任道路交通事故	-40%
	C4	上一年度发生一次有责任不涉及死亡的道路交通事故	0%
	C5	上一年度发生两次及两次以上有责任道路交通事故	10%
	C6	上一年度发生有责任道路交通死亡事故	30%

表 3-7　北京、天津、河北、宁夏 4 个地区实行费率调整方案 D

	浮动因素		浮动比率
与道路交通事故相联系的浮动 D	D1	上一年度未发生有责任道路交通事故	-15%
	D2	上两个年度未发生有责任道路交通事故	-25%
	D3	上三个年度及以上一年度未发生有责任道路交通事故	-35%
	D4	上一年度发生一次有责任不涉及死亡的道路交通事故	0%
	D5	上一年度发生两次及两次以上有责任道路交通事故	10%
	D6	上一年度发生有责任道路交通死亡事故	30%

表 3-8　江苏、浙江、安徽、上海、湖南、湖北、江西、辽宁、河南、福建、重庆、山东、广东、深圳、厦门、四川、贵州、大连、青岛、宁波 20 个地区实行费率调整方案 E

	浮动因素		浮动比率
与道路交通事故相联系的浮动 E	E1	上一年度未发生有责任道路交通事故	-10%
	E2	上两个年度未发生有责任道路交通事故	-20%
	E3	上三个年度及以上一年度未发生有责任道路交通事故	-30%
	E4	上一年度发生一次有责任不涉及死亡的道路交通事故	0%
	E5	上一年度发生两次及两次以上有责任道路交通事故	10%
	E6	上一年度发生有责任道路交通死亡事故	30%

费率浮动时，应注意以下事项：

（1）交强险最终保险费＝交强险基础保险费×（1+与道路交通事故相联系的浮动比率 X，X 取方案 A～E 中之一对应的值）

（2）交强险费率浮动标准根据被保险车辆所发生的道路交通事故计算。摩托车和拖拉机暂不浮动。

（3）与道路交通事故相联系的浮动比率 X 为方案 A～E 中之一，不累加。同时满足多个浮动因素的，按照向上浮动或者向下浮动的比率高者计算。

(4) 仅发生无责任道路交通事故的，交强险费率仍可享受向下浮动。

(5) 浮动因素计算区间为上期保单出单日至本期保单出单日之间。

(6) 与道路交通事故相关的浮动，应根据上一年度交强险已赔付的赔案浮动。上一年度发生赔案但还未赔付的，本期交强险费率不浮动，直至赔付后的下一年度交强险费率向上浮动。

3. 解除保险合同的保险费计算办法

根据相关规定，当解除保险合同时，保险人应按如下标准计算退还投保人保险费：

(1) 投保人已缴纳保险费，但保险责任尚未开始的，全额退还保险费。

(2) 投保人已缴纳保险费，但保险责任已开始的，退还未到期责任部分保险费。

退还保险费＝保险费×（1－已了责任天数/保险期间天数）

任务实施

☞ 任务准备

(1) 防护装备：服装、抹布、灭火器。

(2) 工具设备：整车、洽谈桌、投保单、名片、保险公司标签、电话、电脑、车险投保承保软件、打印机。

(3) 辅助资料：笔、记录本、卡片、记号笔、翻纸板、参考书。

☞ 实施步骤

(1) 结合车险综合改革，分析交强险为什么实施差异化区域费率浮动系数；

(2) 上网查询交强险的条款及相关内容，并记录、分析。

利用搜索引擎，搜索"交强险条款、规章制度、不足"等关键词，查询并记录和分析的信息包括：

①交强险条款的具体内容。

②交强险责任限额的变化。

③交强险责任限额变化后对消费者的好处。

(3) 根据查询的信息，填写并完成任务报告。

任务报告

任务：交通事故责任强制保险的认识			
班级		姓名	
组别		组长	
1. 接受任务（5分）		得分：	
你是一名汽车技术服务与营销服务专业的二年级学生，现在开始学习"汽车保险与理赔"这门专业课程，需要了解车险综合改革后交强险条款和实施相关内容。请利用教材、参考书及网络资源进行检索并将相关信息总结、记录到报告中			

（续表）

2. 信息收集（20分）	得分：
（1）结合车险综合改革，分析交强险为什么实施差异化区域费率浮动系数； （2）上网查询交强险条款和实施相关内容，并记录、分析	

3. 制订计划（15分）	得分：

请根据工作任务制订工作计划及任务分工。

序号	工作内容	工作要点	负责人

4. 计划实施（50分）	得分：

（1）结合车险综合改革，分析交强险为什么实施差异化区域费率浮动系数。（20分）

差异化区域费率浮动系数	
实施差异化区域费率浮动系数原因	

（2）查询并记录交强险条款内容。（10分）

交强险条款主要内容	

（3）查询并记录交强险实施的相关内容。（20分）

车险综合改革后交强险责任限额的变化	
车险综合改革对消费者的好处	

5. 检查评价（10分）	得分：

请根据成员在完成任务中的表现及工作结果进行评价。
自我评价：_____
小组评价：_____

任务总成绩：

实操训练

模块：汽车营销评估与金融保险服务技术（初级)		考核时间：50分钟	
姓名：	班级：	学号：	考评员签字：
初评：☞合格 　　　☞不合格	复评：☞合格 　　　☞不合格	师评：☞合格 　　　☞不合格	
日期：	日期：	日期：	
考核项目：汽车保险与按揭作业流程［实操考核报告］			

1. 学员根据任务描述，进行车辆信息记录。

车牌号码		发动机号码		厂牌型号	
车牌底色		机动车种类		使用性质	
车辆用途		核定载客/人		购买价格/元	
已使用年限/年		行驶里程/km		行驶区域	
车主姓名		联系电话		职业	
车架号（VIN）					

2. 请查询相关系统，计算所指定车辆需缴纳的交强险保险费。

咨询人姓名		展业单号		制单人	
联系电话		基础保险费/元		制单日期	
上一年度出险情况		保险费计算方案		浮动比率/%	
交强险保险费/元					
车船税/元					

3. 根据所提供的客户车辆使用信息，作为一名汽车保险销售人员，完成交强险产品介绍的情景模拟。

任务 4　商业险主险产品

任务引导

在现代生活中，随着生活质量的逐渐提升，越来越多的家庭拥有汽车，汽车已经成为很多家庭不可或缺的代步工具。随着汽车的普及，交通事故也越来越多，而交强险能够赔偿的限额又相对较少，为了避免交通事故带给人们巨大的损失，许多车主都为汽车配备了汽车商业险。那么你知道商业险一般包括哪些产品吗？你知道商业险主险产品的条款内容有什么吗？

任务目标

☞ 知识目标
（1）了解机动车商业险主险、新能源汽车商业险主险产品的种类。
（2）熟悉商业险主险、新能源汽车商业险主险产品的保险责任、责任免除、保险限额和赔偿处理等。
（3）学会机动车商业险主险产品保险费的计算方法。

☞ 能力目标
（1）能够运用所学知识进行商业险主险产品保险费的计算。
（2）能够为客户做好商业险主险产品的介绍及解释工作。
（3）严格执行工作现场"7S"管理。

任务资讯

4.1 机动车损失保险

机动车损失保险是指被保险车辆遭受保险责任范围内的自然灾害（不包括地震）或意外事故，造成保险车辆本身损失，而保险人依据保险合同的规定给予赔偿。

1. 保险责任

（1）在保险期间内，被保险人或被驾驶人员在使用被保险车辆的过程中，因自然灾害、意外事故而造成被保险车辆的直接损失且不属于免除保险人责任的范围，保险人依照保险合同的约定负责赔偿。

（2）在保险期间内，被保险车辆被盗窃、抢劫、抢夺，经出险地县级以上公安刑侦部门立案证明，满 60 天未查明下落的全车损失，以及因被盗窃、抢劫、抢夺而受到损坏造成的直接损失，且不属于免除保险人责任的范围，保险人依照保险合同的约定负责赔偿。

（3）当发生保险事故时，被保险人或驾驶人员为防止或者减少被保险车辆的损失而支付的必要的、合理的施救费用，由保险人承担；施救费用数额在被保险车辆损失赔偿金额以外的另行计算，最高不超过保险金额。

2. 责任免除

（1）在上述保险责任范围内，下列情况下，不论任何原因造成被保险车辆的任何损失和费用，保险人均不负责赔偿：

①事故发生后，被保险人或驾驶人员故意破坏、伪造现场，毁灭证据。

②驾驶人员有下列情形之一者：

  a. 交通肇事逃逸。

  b. 饮酒、吸食或注射毒品、服用国家管制的精神药品或者麻醉药品。

  c. 无驾驶证，驾驶证被依法扣留、暂扣、吊销、注销期间。

  d. 驾驶与驾驶证载明的准驾车型不相符合的机动车。

③被保险车辆有下列情形之一者：

  a. 发生保险事故时被保险车辆行驶证、号牌被注销。

  b. 被扣留、收缴、没收期间。

  c. 竞赛、测试期间，在营业性场所维修、保养、改装期间。

  d. 被保险人或驾驶人员故意或有重大过失，导致被保险车辆被利用从事犯罪行为。

（2）下列原因导致的被保险车辆的损失和费用，保险人不负责赔偿：

①战争、军事冲突、恐怖活动、暴乱、污染（含放射性污染）、核反应、核辐射。

②违反安全装载规定。

③被保险车辆被转让、改装、加装或改变使用性质等，导致被保险车辆危险程度显著增加，且未及时通知保险人，因危险程度显著增加而发生保险事故的。

④投保人、被保险人或驾驶人员故意制造保险事故。

（3）下列损失和费用，保险人不负责赔偿：

①因市场价格变动造成的贬值、修理后因价值降低而引起的减值损失。

②自然磨损、锈蚀、腐蚀、故障、本身质量缺陷。

③投保人、被保险人或驾驶人员在知道保险事故发生后，故意或者因重大过失而未及时通知保险人，致使保险事故的性质、原因、损失程度等难以确定的，保险人对无法确定的部分不承担赔偿责任，但保险人通过其他途径已经知道或者应当及时知道保险事故发生的除外。

④因被保险人违反"因保险事故损坏的被保险车辆，修理前被保险人应当会同保险人检验，协商确定维修机构、修理项目、方式和费用。无法协商确定的，双方委托共同认可的有资质的第三方进行评估"的约定，导致无法确定的损失。

⑤车轮单独损失，无明显碰撞痕迹的车身划痕，以及新增加设备的损失。

⑥非全车盗抢，仅车上零部件或附属设备被盗窃。

3. 免赔额

对于投保人与保险人在投保时协商确定绝对免赔额的，保险人在依据保险合同约定计算赔款的基础上，增加每次事故的绝对免赔额。

4. 保险金额

保险金额按投保时被保险车辆的实际价值确定。在投保时，被保险车辆的实际价值由投保人与保险人根据投保时的新车购置价减去折旧金额后的价格协商确定或根据其他市场公允价值协商确定。

折旧金额可根据保险合同列明的参考折旧系数确定，见表4-1。

表4-1 参考折旧系数

车辆种类	月折旧系数			
	家庭自用	非营业	营业	
			出租	其他
9座以下客车	0.60%	0.60%	1.10%	0.90%
10座以上客车	0.90%	0.90%	1.10%	0.90%
微型载货汽车	—	0.90%	1.10%	1.10%
带拖挂的载货汽车	—	0.90%	1.10%	1.10%
低速载货汽车和三轮汽车	—	1.10%	1.40%	1.40%
其他车辆	—	0.90%	1.10%	0.90%

折旧金额按月计算，不足1个月的部分不计折旧。最高折旧金额不超过投保时被保险车辆新车购置价的80%。

折旧金额=新车购置价×被保险车辆已使用月数×月折旧系数

5. 赔偿处理

（1）在发生保险事故后，保险人依据保险合同约定在保险责任范围内承担赔偿责任。赔偿方式由保险人与被保险人协商确定。

（2）因保险事故损坏的被保险车辆，被保险人在修理前应当会同保险人对其进行检验，协商确定维修机构、修理项目、方式和费用。无法协商确定的，双方委托共同认可的有资质的第三方进行评估。

（3）被保险车辆遭受损失后的残余部分由保险人、被保险人协商处理。如折归被保险人的，由双方协商确定其价值并在赔款中扣除。

（4）因第三方对被保险车辆的损害而造成保险事故，被保险人向第三方索赔的，保险人应积极协助；被保险人也可以直接向本保险人索赔，保险人在保险金额内先行赔付被保险人，并在赔偿金额内代位行使被保险人对第三方请求赔偿的权利。

被保险人已经从第三方取得损害赔偿的，保险人在进行赔偿时，相应扣减被保险人从第三方已取得的赔偿金额。

在保险人未赔偿之前，被保险人放弃对第三方请求赔偿的权利的，保险人不承担赔偿责任。

被保险人故意或者因重大过失而致使保险人不能行使代位请求赔偿的权利的，保险人可以扣减或者要求返还相应的赔款。

保险人向被保险人先行赔付的，在其向第三方行使代位请求赔偿的权利时，被保险人应当向保险人提供必要的文件和所知道的有关情况。

（5）机动车损失赔偿金额按以下方法计算：

①全部损失。

赔偿金额=保险金额-被保险人已从第三方获得的赔偿金额-绝对免赔额

②部分损失。

被保险车辆发生部分损失的，保险人按实际修复费用在保险金额内计算赔偿金额：

赔偿金额=实际修复费用-被保险人已从第三方获得的赔偿金额-绝对免赔额

③施救费用。

若施救的财产中含有保险合同之外的财产，应按保险合同中保险财产的实际价值占总施救财产的实际价值比例来分摊施救费用。

（6）当被保险车辆发生事故时，若导致全部损失，或一次性赔款金额与免赔额之和（不含施救费用）达到保险金额的，保险人按保险合同的约定支付赔款后，保险责任终止，保险人不退还机动车损失保险及其附加险的保险费。

4.2 新能源汽车损失保险

2021年12月14日，中国保险行业协会发布了《中国保险行业协会新能源汽车商业保险专属条款（试行）》，该条款由《中国保险行业协会新能源汽车商业保险示范条款（试行）》和《中国保险行业协会新能源汽车驾乘人员意外伤害保险示范条款（试行）》组成。

其中，被保险新能源汽车是指在中华人民共和国境内（不含港澳台地区）行驶，采用新型动力系统，完全或主要依靠新型能源驱动，上道路行驶的供人员乘用或者用于运送物品以及进行专项作业的轮式车辆、履带式车辆和其他运载工具，但不包括摩托车、拖拉机、特种车。

1. 保险责任

（1）在保险期间内，被保险人或被保险新能源汽车驾驶人员在使用（包括行驶、停放、充电及作业）被保险新能源汽车过程中，因自然灾害、意外事故（含起火燃烧）造成被保险新能源汽车下列设备的直接损失，且不属于免除保险人责任的范围，保险人依照保险合同的约定负责赔偿：

①车身。
②电池及储能系统、电机及驱动系统、其他控制系统。
③其他所有出厂时的设备。

（2）在保险期间内，被保险新能源汽车被盗窃、抢劫、抢夺，经出险地县级以上公安刑侦部门立案证明，满60天未查明下落的全车损失，以及因被盗窃、抢劫、抢夺受到损坏造成的直接损失，且不属于免除保险人责任的范围，保险人依照保险合同的约定负责赔偿。

（3）在发生保险事故时，被保险人或驾驶人为防止或者减少被保险新能源汽车的损失所支付的必要的、合理的施救费用，由保险人承担；施救费用数额在被保险新能源汽车损失赔偿金额以外另行计算，最高不超过保险金额。

2. 责任免除

在上述保险责任范围内，不论任何原因造成被保险新能源汽车的任何损失和费用，保险人均不负责赔偿的情况与机动车损失保险责任免除的（1）（2）相同（其中，"被保险车辆"替换为"被保险新能源汽车"）。

下列损失和费用，保险人不负责赔偿：

（1）因市场价格变动造成的贬值、修理后因价值降低而引起的减值损失。
（2）自然磨损、电池衰减、锈蚀、腐蚀、故障、本身质量缺陷。
（3）投保人、被保险人或驾驶人员知道保险事故发生后，故意或者因重大过失而未及时通知保险人，致使保险事故的性质、原因、损失程度等难以确定的，保险人对无法确定的部分，不承担赔偿责任，但保险人通过其他途径已经知道或者应当及时知道保险事故发生的除外。
（4）因被保险人违反《中国保险行业协会新能源汽车商业保险示范条款（试行）》第15条约定，导致无法确定的损失。
（5）车轮单独损失，无明显碰撞痕迹的车身划痕，以及新增加设备的损失。
（6）非全车盗抢、仅车上零部件或附属设备被盗窃。
（7）充电期间因外部电网故障导致被保险新能源汽车的损失。

3. 免赔额和赔偿处理

新能源汽车损失保险的免赔额、赔偿处理内容均与机动车损失保险的免赔额、赔偿处理内容相同（其中，"被保险车辆"替换为"被保险新能源汽车"）。

4. 保险金额

保险金额按投保时被保险新能源汽车的实际价值确定。

在投保时，被保险新能源汽车的实际价值由投保人与保险人根据投保时的新车购置价减去折旧金额后的价格协商确定或其他市场公允价值协商确定。

9座以下客车家庭自用、非营业纯电动新能源汽车和非营业插电式混合动力与燃料电池新能源汽车折旧系数，见表4-2。

表4-2　9座以下客车家庭自用、非营业纯电动新能源汽车和非营业插电式混合动力与燃料电池新能源汽车折旧系数

新车购置价格区间/万元	纯电动汽车折旧系数（每月）	插电式混合动力与燃料电池汽车折旧系数（每月）
0～10	0.82%	0.63%
10～20	0.77%	
20～30	0.72%	
30以上	0.68%	

折旧按月计算，不足一个月的部分，不计折旧。最高折旧金额不超过投保时被保险新能源汽车新车购置价的80%。

折旧金额＝新车购置价×被保险新能源汽车已使用月数×月折旧系数

凡涉及新车购置价区间分段的陈述都按照"含起点不含终点"的原则来解释。

4.3 机动车第三者责任险

机动车第三者责任险是指被保险人允许的合格驾驶人员在使用被保险车辆的过程中发生意外事故，致使第三者遭受人身伤亡或财产直接损毁，依法应当由被保险人支付的赔偿金额，保险人依照《中华人民共和国道路交通安全法实施条例》和保险合同的规定负责赔偿。但因事故产生的善后工作，保险人不负责处理。其中，第三者是指因被保险车辆发生意外事故遭受人身伤亡或者财产损失的人，不包括被保险车辆本车上的人员、被保险人。

1. 保险责任

（1）在保险期间内，被保险人或其允许的驾驶人员在使用被保险车辆过程中发生意外事故，致使第三者遭受人身伤亡或财产直接损毁，依法应当对第三者承担的损害赔偿责任，且不属于免除保险人责任的范围，保险人依照保险合同的约定，对于超过交强险各分项赔偿限额的部分负责赔偿。

（2）保险人依据被保险车辆一方在事故中所负的事故责任比例，承担相应的赔偿责任。

被保险人或被保险车辆一方根据有关法律法规选择自行协商或由公安机关交通管理部门处理事故，但未确定事故责任比例的，按照下列规定确定事故责任比例：

被保险车辆一方负主要事故责任的，事故责任比例为70%；

被保险车辆一方负同等事故责任的，事故责任比例为50%；

被保险车辆一方负次要事故责任的，事故责任比例为30%。

涉及司法或仲裁程序的，以法院或仲裁机构最终生效的法律文书为准。

2. 责任免除

在上述保险责任范围内，下列情况下，不论任何原因造成的人身伤亡、财产损失和费

用，保险人均不负责赔偿：

（1）事故发生后，被保险人或驾驶人员故意破坏、伪造现场，毁灭证据。

（2）驾驶人员有下列情形之一者：

①交通肇事逃逸。

②饮酒、吸食或注射毒品、服用国家管制的精神药品或者麻醉药品。

③无驾驶证，驾驶证被依法扣留、暂扣、吊销、注销期间。

④驾驶与驾驶证载明的准驾车型不相符合的机动车。

⑤非被保险人允许的驾驶人员。

（3）被保险车辆有下列情形之一者：

①发生保险事故时被保险车辆行驶证、号牌被注销。

②被扣留、收缴、没收期间。

③竞赛、测试期间，在营业性场所维修、保养、改装期间。

④全车被盗窃、被抢劫、被抢夺、下落不明期间。

（4）下列原因导致的人身伤亡、财产损失和费用，保险人不负责赔偿：

①战争、军事冲突、恐怖活动、暴乱、污染（含放射性污染）、核反应、核辐射。

②第三者、被保险人或驾驶人员故意制造保险事故、犯罪行为，第三者与被保险人或其他致害人恶意串通的行为。

③被保险车辆被转让、改装、加装或改变使用性质等，导致被保险车辆危险程度显著增加，且未及时通知保险人，因危险程度显著增加而发生保险事故的。

（5）下列人身伤亡、财产损失和费用，保险人不负责赔偿：

①被保险车辆发生意外事故，致使任何单位或个人因停业、停驶、停电、停水、停气、停产、通信或网络中断、电压变化、数据丢失而造成的损失以及其他各种间接损失。

②第三者财产因市场价格变动造成的贬值，修理后因价值降低而引起的减值损失。

③被保险人及其家庭成员、驾驶人员及其家庭成员的所有、承租、使用、管理、运输或代管的财产的损失，以及本车上财产的损失。

④被保险人、驾驶人员、本车车上人员的人身伤亡。

⑤停车费、保管费、扣车费、罚款、罚金或惩罚性赔款。

⑥超出《道路交通事故受伤人员临床诊疗指南》和国家基本医疗保险同类医疗费用标准的费用部分。

⑦律师费，未经保险人事先书面同意的诉讼费、仲裁费。

⑧投保人、被保险人或驾驶人员知道保险事故发生后，故意或者因重大过失未及时通知保险人，致使保险事故的性质、原因、损失程度等难以确定的，保险人对无法确定的部分，不承担赔偿责任，但保险人通过其他途径已经知道或者应当及时知道保险事故发生的除外。

⑨因被保险人违反"发生保险事故后，保险人依据保险合同约定在保险责任范围内承

担赔偿责任。赔偿方式由保险人与被保险人协商确定。因保险事故损坏的第三者财产，修理前被保险人应当会同保险人检验，协商确定维修机构、修理项目、方式和费用。无法协商确定的，双方委托共同认可的有资质的第三方进行评估"的约定，导致无法确定的损失。

⑩精神损害抚慰金。

⑪应当由交强险赔偿的损失和费用。

当发生保险事故时，被保险车辆未投保交强险或交强险合同已经失效的，对于交强险责任限额以内的损失和费用，保险人不负责赔偿。

3. 责任限额

（1）每次事故的责任限额，由投保人和保险人在签订本保险合同时协商确定。

（2）主车和挂车连接使用时视为一体，当发生保险事故时，由主车保险人和挂车保险人按照保险单上载明的机动车第三者责任险责任限额的比例，在各自的责任限额内承担赔偿责任。

车险综合改革后，机动车第三者责任险责任限额从10万元到1000万元分为多个档次。

4. 赔偿处理

（1）保险人对被保险人或其允许的驾驶人员给第三者造成的损害，可以直接向该第三者赔偿。

被保险人或其允许的驾驶人员给第三者造成损害，对第三者应负的赔偿责任确定的，根据被保险人的请求，保险人应当直接向该第三者赔偿。被保险人怠于请求的，第三者就其应获赔偿部分直接向保险人请求赔偿的，保险人可以直接向该第三者赔偿。

被保险人或其允许的驾驶人员给第三者造成损害，未向该第三者赔偿的，保险人不得向被保险人赔偿。

（2）当发生保险事故后，保险人依据本条款约定在保险责任范围内承担赔偿责任。赔偿方式由保险人与被保险人协商确定。

因保险事故损坏的第三者财产，修理前被保险人应当会同保险人检验，协商确定维修机构、修理项目、方式和费用。无法协商确定的，双方委托共同认可的有资质的第三方进行评估。

（3）赔偿金额计算

①当（依合同约定核定的第三者损失金额−交强险的分项赔偿限额）×事故责任比例高于或等于每次事故责任限额时：

$$赔偿金额 = 每次事故责任限额$$

②当（依合同约定核定的第三者损失金额−交强险的分项赔偿限额）×事故责任比例低于每次事故责任限额时：

赔偿金额＝（依合同约定核定的第三者损失金额−交强险的分项赔偿限额）×事故责任比例

(4) 保险人按照《道路交通事故受伤人员临床诊疗指南》和国家基本医疗保险的同类医疗费用标准核定医疗费用的赔偿金额。

未经保险人书面同意，被保险人自行承诺或支付的赔偿金额，保险人有权重新核定。不属于保险人赔偿范围或超出保险人应赔偿金额的，保险人不承担赔偿责任。

4.4 新能源汽车第三者责任险

1. 保险责任

在保险期间内，被保险人或其允许的驾驶人员在使用（包括行驶、停放、充电及作业）被保险新能源汽车过程中发生意外事故（含起火燃烧），致使第三者遭受人身伤亡或财产直接损毁，依法应当对第三者承担的损害赔偿责任，且不属于免除保险人责任的范围，保险人依照保险合同的约定，对于超过交强险各分项赔偿限额的部分负责赔偿。

保险人依据被保险新能源汽车一方在事故中所负的事故责任比例，承担相应的赔偿责任。被保险人或被保险新能源汽车一方根据有关法律法规选择自行协商或由公安机关交通管理部门处理事故，但未确定事故责任比例的，按照下列规定确定事故责任比例：

被保险新能源汽车一方负主要事故责任的，事故责任比例为70%；

被保险新能源汽车一方负同等事故责任的，事故责任比例为50%；

被保险新能源汽车一方负次要事故责任的，事故责任比例为30%。

涉及司法或仲裁程序的，以法院或仲裁机构最终生效的法律文书为准。

2. 责任免除

在上述保险责任范围内，不论任何原因造成的人身伤亡、财产损失和费用，保险人均不负责赔偿的情况与机动车第三者责任险的责任免除内容相同（其中，"被保险车辆"替换为"被保险新能源汽车"）。

3. 责任限额和赔偿处理

新能源汽车第三者责任险的责任限额、赔偿处理内容均与机动车第三者责任险的责任限额、赔偿处理内容相同。

4.5 机动车车上人员责任险

1. 保险责任

（1）在保险期间内，被保险人或其允许的驾驶人员在使用被保险车辆过程中发生意外事故，致使车上人员遭受人身伤亡，且不属于免除保险人责任的范围，依法应当对车上人员承担的损害赔偿责任，保险人依照保险合同的约定负责赔偿。

（2）保险人依据被保险车辆一方在事故中所负的事故责任比例，承担相应的赔偿责任。

被保险人或被保险车辆一方根据有关法律法规选择自行协商或由公安机关交通管理部门处理事故，但未确定事故责任比例的，按照下列规定确定事故责任比例：

被保险车辆一方负主要事故责任的，事故责任比例为70%；

被保险车辆一方负同等事故责任的，事故责任比例为50%；

被保险车辆一方负次要事故责任的，事故责任比例为30%。

涉及司法或仲裁程序的，以法院或仲裁机构最终生效的法律文书为准。

2. 责任免除

（1）在上述保险责任范围内，下列情况下，不论任何原因造成的人身伤亡，保险人均不负责赔偿：

①事故发生后，被保险人或驾驶人员故意破坏、伪造现场，毁灭证据。

②驾驶人员有下列情形之一者：

a. 交通肇事逃逸。

b. 饮酒、吸食或注射毒品、服用国家管制的精神药品或者麻醉药品。

c. 无驾驶证，驾驶证被依法扣留、暂扣、吊销、注销期间。

d. 驾驶与驾驶证载明的准驾车型不相符合的机动车。

e. 非被保险人允许的驾驶人员。

③被保险车辆有下列情形之一者：

a. 发生保险事故时被保险车辆行驶证、号牌被注销。

b. 被扣留、收缴、没收期间。

c. 竞赛、测试期间，在营业性场所维修、保养、改装期间。

d. 全车被盗窃、被抢劫、被抢夺、下落不明期间。

（2）下列原因导致的人身伤亡，保险人不负责赔偿：

①战争、军事冲突、恐怖活动、暴乱、污染（含放射性污染）、核反应、核辐射。

②被保险车辆被转让、改装、加装或改变使用性质等，导致被保险车辆危险程度显著增加，且未及时通知保险人，因危险程度显著增加而发生保险事故。

③投保人、被保险人或驾驶人员故意制造保险事故。

（3）下列人身伤亡、损失和费用，保险人不负责赔偿：

①被保险人及驾驶人员以外的其他车上人员的故意行为造成的自身伤亡。

②车上人员因疾病、分娩、自残、斗殴、自杀、犯罪行为而造成的自身伤亡。

③罚款、罚金或惩罚性赔款；

④超出《道路交通事故受伤人员临床诊疗指南》和国家基本医疗保险同类医疗费用标准的费用部分。

⑤律师费，未经保险人事先书面同意的诉讼费、仲裁费。

⑥投保人、被保险人或驾驶人员知道保险事故发生后，故意或者因重大过失而未及时通知保险人，致使保险事故的性质、原因、损失程度等难以确定的，保险人对无法确定的部分，不承担赔偿责任，但保险人通过其他途径已经知道或者应当及时知道保险事故发生的除外。

⑦精神损害抚慰金。
⑧应当由交强险赔付的损失和费用。

3. 责任限额

驾驶人员每次事故责任限额和乘客每次事故每人责任限额由投保人和保险人在投保时协商确定。投保乘客座位数按照被保险车辆的核定载客人数（驾驶人员座位除外）确定。

4. 赔偿处理

（1）赔偿金额计算

①对每座的受害人，当（依合同约定核定的每座车上人员人身伤亡损失金额－应由交强险赔偿的金额）×事故责任比例高于或等于每次事故每座责任限额时：

$$赔偿金额 = 每次事故每座责任限额$$

②对每座的受害人，当（依合同约定核定的每座车上人员人身伤亡损失金额－应由交强险赔偿的金额）×事故责任比例低于每次事故每座责任限额时：

$$赔偿金额 =（依合同约定核定的每座车上人员人身伤亡损失金额 \\ －应由交强险赔偿的金额）\times 事故责任比例$$

（2）保险人按照《道路交通事故受伤人员临床诊疗指南》和国家基本医疗保险的同类医疗费用标准核定医疗费用的赔偿金额。

未经保险人书面同意，被保险人自行承诺或支付的赔偿金额，保险人有权重新核定。不属于保险人赔偿范围或超出保险人应赔偿金额的，保险人不承担赔偿责任。

4.6 新能源汽车车上人员责任险

1. 保险责任

在保险期间内，被保险人或其允许的驾驶人员在使用（包括行驶、停放、充电及作业）被保险新能源汽车过程中发生意外事故（含起火燃烧），致使车上人员遭受人身伤亡，且不属于免除保险人责任的范围，依法应当对车上人员承担的损害赔偿责任，保险人依照保险合同的约定负责赔偿。

保险人依据被保险新能源汽车一方在事故中所负的事故责任比例，承担相应的赔偿责任。被保险人或被保险新能源汽车一方根据有关法律法规选择自行协商或由公安机关交通管理部门处理事故，但未确定事故责任比例的，按照下列规定确定事故责任比例：

被保险新能源汽车一方负主要事故责任的，事故责任比例为70%；

被保险新能源汽车一方负同等事故责任的，事故责任比例为50%；

被保险新能源汽车一方负次要事故责任的，事故责任比例为30%。

涉及司法或仲裁程序的，以法院或仲裁机构最终生效的法律文书为准。

2. 责任免除

在上述保险责任范围内，下列情况下，不论任何原因造成的人身伤亡，保险人均不负责赔偿的情况与机动车车上人员责任险的责任免除内容相同（其中，"被保险车辆"替换为"被保险新能源汽车")。

3. 责任限额和赔偿处理

新能源汽车车上人员责任险的责任限额、赔偿处理内容均与机动车车上人员责任险的责任限额、赔偿处理内容相同(其中,"被保险车辆"替换为"被保险新能源汽车")。

4.7 保险期间

机动车商业保险示范条款和新能源汽车商业保险示范条款中都有明确规定,除另有约定外,保险期间为1年,以保险单载明的起讫时间为准。

4.8 汽车保险费的计算

1. 汽车保险费率的模式

通常保险人在经营汽车保险的过程中,将风险因子分为两类:一类是与汽车相关的风险因子,主要包括汽车的种类、使用的情况和行驶的区域等;另一类是与驾驶人员相关的风险因子,主要包括驾驶人员的性格、年龄、婚姻状况和职业等。由此,各国汽车保险的费率模式基本可以划分为两大类,即从车费率模式和从人费率模式。

(1)从车费率模式。

从车费率模式是指在确定保险费率的过程中主要以被保险车辆的风险因子为影响费率确定因素的模式。影响费率的主要因素是被保险车辆有关的风险因子。现行的汽车保险费率体系中影响费率的主要因素为车辆的使用性质、车辆生产地和车辆的种类。

①根据车辆的使用性质划分:营业性车辆与非营业性车辆。

②根据车辆的生产地划分:进口车辆与国产车辆。

③根据车辆的种类划分:车辆种类与吨位。

除了上述3个主要的从车因素外,现行的汽车保险费率还将车辆行驶的区域作为汽车保险的风险因子,即按照车辆使用的不同地区适用不同的费率。

(2)从人费率模式。

从人费率模式是指在确定保险费率的过程中主要以被保险车辆驾驶人员的风险因子为影响费率确定因素的模式。目前,大多数国家采用的汽车保险的费率模式均属于从人费率模式,影响费率的主要因素是与被保险车辆驾驶人员有关的风险因子。

各国采用的从人费率模式考虑的风险因子也不尽相同,主要有驾驶人员的年龄、性别、驾驶年限和安全行驶记录等。

我国车险费率改革后,在确定车险费率时,考虑车辆风险因子的同时,也考虑驾驶人员和被保险人的风险因子,但是更加注重车辆出险情况对费率的影响。赔付记录的多少直接影响下一年度的费率标准,因此相关行业规定了无赔款优待系数(NCD)。考虑客户连续投保年限、赔付记录,将NCD划分为10个等级,系数范围为0.5~2.0,具体见表4-3。

表4-3　NCD等级

NCD等级=车辆赔付记录-车辆连续投保年限	NCD
-4	0.5
-3	0.6
-2	0.7
-1	0.8
0	1.0
1	1.2
2	1.4
3	1.6
4	1.8
5	2.0

注：①首年投保、新车、过户车等，NCD等级均从0开始，NCD为1.0。
②非首年投保，考虑最近3年及以上连续投保和赔付记录计算NCD等级。
③连续4年及以上投保且没有发生赔款，NCD等级为-4，NCD为0.5。

2. 保险费的计算
（1）机动车辆损失险保险费。

$$保险费=基准纯风险保险费÷（1-附加费用率）×费率调整系数$$

$$费率调整系数=NCD×自主定价系数×交通违法系数$$

费率调整系数适用于机动车商业险、特种车商业险、机动车单程提车保险，不适用于摩托车和拖拉机商业险。

①纯风险保险费：行业内一致，由中国保险行业协会统一制定，实行动态管理，定期颁布并更新。当投保时被保险车辆的实际价值等于新车购置价减去折旧金额时，按被保险车辆的使用性质、车辆种类、车型名称、车型编码、车辆使用年限所属档次直接查询基准纯风险保险费。

②附加费用率：参考行业或公司实际费用率，由各保险公司自行申报，经国家金融监督管理总局审批同意后方可使用。

③NCD：行业一致，由中国保险行业协会定期制定并颁布，可通过平台统一查询使用。

④自主定价系数：由自主核保系数和渠道系数各自确定，由保险公司制定后报备国家金融监督管理总局。

（2）机动车第三者责任险保险费。
根据被保险车辆的车辆使用性质、车辆种类、责任限额和投保责任限额在费率表直接查找保险费。各地区的费率表不完全相同。

（3）机动车车上人员责任险保险费。

$$驾驶人员保险费＝每次事故责任限额×费率$$

$$乘客保险费＝每次事故每人责任限额×费率×投保乘客座位数$$

根据车辆使用性质、座位数查找适用费率。

📝 任务实施

☞ 任务准备

（1）防护装备：服装、抹布、灭火器。

（2）工具设备：整车、洽谈桌、投保单、名片、保险公司标签、电话、电脑、车险投保承保软件、打印机。

（3）辅助资料：笔、记录本、卡片、记号笔、翻纸板、参考书。

☞ 实施步骤

（1）结合汽车商业险颁布实施，分析汽车商业险的险种结构。

（2）上网查询汽车商业机动车第三者责任险与交强险的区别，并记录、分析。

（3）利用搜索引擎，搜索"第三者责任险、交强险"等关键词，查询并记录和分析的信息包括：

①我国汽车商业第三者责任险的确立与发展过程。

②汽车商业第三者责任险与交强险的相同点。

③汽车商业第三者责任险与交强险的不同点。

（4）根据查询的信息，填写并完成任务报告。

📖 任务报告

任务：商业第三者责任险与交强险的比较分析			
班级		姓名	
组别		组长	
1. 接受任务（5分）			得分：
你是一名汽车技术服务与营销专业的二年级学生，现在开始学习"汽车保险与理赔"这门专业课程，需要学习汽车商业第三者责任险的基本条款内容，并比较分析与交强险的区别。请利用教材、参考书及网络资源进行检索并将相关信息总结、记录到报告中			
2. 信息收集（20分）			得分：
（1）结合汽车商业险颁布实施，分析汽车商业险的险种结构； （2）上网查询汽车商业第三者责任险与交强险的区别，并记录、分析			

（续表）

3. 制订计划（15 分）		得分：	
请根据工作任务制订工作计划及任务分工。			
序号	工作内容	工作要点	负责人

4. 计划实施（50 分）　　　　　　　　　得分：

（1）结合汽车商业险颁布实施，分析汽车商业险的险种结构。（20 分）

汽车商业险主险险种	
机动车损失保险和新能源汽车损失保险在条款上的区别	

（2）上网查询汽车商业第三者责任险与交强险的相同点，并记录、分析。（10 分）

汽车商业第三者责任险与交强险的相同点	

（3）上网查询汽车商业第三者责任险与交强险的不同点，并记录、分析。（20 分）

比较分析汽车商业第三者责任险与交强险在投保方式、费率、定价原则和赔偿限额上的不同点	
比较分析汽车商业第三者责任险与交强险在经营资格、责任免除、赔偿顺序和理赔上的不同点	

5. 检查评价（10 分）　　　　　　　　　得分：

请根据成员在完成任务中的表现及工作结果进行评价。
　自我评价：_____
　小组评价：_____

任务总成绩：

实操训练

模块：汽车营销评估与金融保险服务技术（初级）			考核时间：50 分钟	
姓名：	班级：	学号：		考评员签字：
初评：☞合格 　　　☞不合格	复评：☞合格 　　　☞不合格	师评：☞合格 　　　☞不合格		
日期：	日期：	日期：		
考核项目：汽车保险与按揭作业流程［实操考核报告］				

1. 学员根据任务描述，进行车辆信息记录。

车牌号码		发动机号码		厂牌型号	
车牌底色		机动车种类		使用性质	
车辆用途		核定载客/人		购买价格/元	
已使用年限/年		行驶里程/km		行驶区域	
车架号（VIN）					

2. 请查询相关系统，计算所指定车辆需缴纳的商业险主险的保险费。

咨询人姓名		展业单号		制单人	
联系电话		咨询人住址		制单日期	
上一年度出险情况		NCD 等级		系数	
机动车（或新能源汽车）损失险保险金额/元		绝对免赔率/%		保险费/元	
机动车（或新能源汽车）第三者责任险保险金额/元		绝对免赔率/%		保险费/元	
机动车（或新能源汽车）车上人员责任险保险金额/元		绝对免赔率/%		保险费/元	

3. 根据所提供的客户车辆使用信息，作为一名汽车保险销售人员，完成商业险主险产品介绍的情景模拟。

任务 5　附加险产品

▸ 任务引导

一般汽车商业险主险只提供最基础的保障，但是日常行车还是会遇到很多其他问题，这就需要车主购买一些附加险产品来进行保障。那么你知道汽车附加险一般包括哪些吗？你知道附加险的条款内容有哪些吗？

▸ 任务目标

☞ 知识目标
（1）了解汽车附加险、新能源汽车附加险产品的种类。
（2）熟悉汽车附加险、新能源汽车附加险产品的保险责任、责任免除、保险限额和赔偿处理等。
（3）学会汽车附加险产品保险费的计算方法。

☞ 能力目标
（1）能够运用所学知识进行汽车附加险产品保险费的计算。
（2）能够为客户做好汽车附加险产品的介绍及解释工作。
（3）严格执行工作现场"7S"管理。

▸ 任务资讯

附加险条款的法律效力优于主险条款。附加险条款未尽事宜，以主险条款为准。除附加险条款另有约定外，主险中的责任免除、双方义务同样适用于附加险。主险保险责任终止的，其相应的附加险保险责任同时终止。

5.1　附加绝对免赔率特约条款

绝对免赔率为5%、10%、15%、20%，由投保人和保险人在投保时协商确定，具体以保险单为准。

被保险车辆（或新能源汽车）发生主险约定的保险事故，保险人按照主险的约定计算赔偿金额后，扣减特约条款约定的免赔，即

主险实际赔偿金额=按主险约定计算的赔偿金额×（1-绝对免赔率）

5.2 附加车轮单独损失险

投保了机动车（或新能源汽车）损失保险的机动车，可投保本附加险。

1. 保险责任

在保险期间内，被保险人或被保险车辆（或新能源汽车）驾驶人员在使用被保险车辆（或新能源汽车）过程中，因自然灾害、意外事故，导致被保险车辆（或新能源汽车）未发生其他部位的损失，仅有车轮（含轮胎、轮毂、轮毂罩）单独的直接损失，且不属于免除保险人责任的范围，保险人依照附加险合同的约定负责赔偿。

2. 责任免除

（1）车轮（含轮胎、轮毂、轮毂罩）的自然磨损、锈蚀、腐蚀、故障、本身质量缺陷。

（2）未发生全车盗抢，仅车轮单独丢失。

3. 保险金额

保险金额由投保人和保险人在投保时协商确定。

4. 赔偿处理

（1）发生保险事故后，保险人依据本条款约定在保险责任范围内承担赔偿责任。赔偿方式由保险人与被保险人协商确定。

（2）赔偿金额=实际修复费用-被保险人已从第三方获得的赔偿金额。

（3）保险期间内，累计赔偿金额达到保险金额，本附加险保险责任终止。

5.3 附加新增加设备损失险

投保了机动车（或新能源汽车）损失保险的机动车，可投保本附加险。

1. 保险责任

在保险期间内，投保了本附加险的被保险车辆（或新能源汽车）因发生机动车（或新能源汽车）损失保险责任范围内的事故，造成车上新增加设备的直接损毁，保险人在保险单载明的本附加险的保险金额内，按照实际损失计算赔偿。

2. 保险金额

保险金额根据新增加设备投保时的实际价值确定。新增加设备的实际价值是指新增加设备的购置价减去折旧金额后的金额。

3. 赔偿处理

发生保险事故后，保险人依据本条款约定在保险责任范围内承担赔偿责任。赔偿方式由保险人与被保险人协商确定。

赔偿金额=实际修复费用-被保险人已从第三方获得的赔偿金额

5.4 附加车身划痕损失险

投保了机动车（或新能源汽车）损失保险的机动车，可投保本附加险。

1. 保险责任

在保险期间内,被保险车辆(或新能源汽车)在被保险人或被保险车辆驾驶人员使用过程中,发生无明显碰撞痕迹的车身划痕损失,保险人按照保险合同约定负责赔偿。

2. 责任免除

(1) 被保险人及其家庭成员、驾驶人员及其家庭成员的故意行为造成的损失。

(2) 因投保人、被保险人与他人的民事、经济纠纷而导致的任何损失。

(3) 车身表面自然老化、损坏,腐蚀造成的任何损失。

3. 保险金额

保险金额为 2000 元、5000 元、10000 元或 20000 元,由投保人和保险人在投保时协商确定。

4. 赔偿处理

(1) 发生保险事故后,保险人依据本条款约定在保险责任范围内承担赔偿责任,赔偿方式由保险人与被保险人协商确定。

赔偿金额=实际修复费用-被保险人已从第三方获得的赔偿金额

(2) 保险期间内,累计赔偿金额达到保险金额,本附加险保险责任终止。

5.5 附加修理期间费用补偿险

投保了机动车(或新能源汽车)损失保险的机动车,可投保本附加险。

1. 保险责任

在保险期间内,投保了本条款的机动车(或新能源汽车)在使用过程中,发生机动车(或新能源汽车)损失保险责任范围内的事故,造成车身损毁,致使被保险车辆停驶,保险人按保险合同的约定,在保险金额内向被保险人补偿修理期间费用,作为代步车费用或弥补停驶损失。

2. 责任免除

在下列情况下,保险人不承担修理期间费用补偿:

(1) 因机动车(或新能源汽车)损失保险责任范围以外的事故而致被保险车辆的损毁或修理。

(2) 当不在保险人认可的修理厂修理时,因车辆修理质量不合要求造成返修。

(3) 被保险人或驾驶人员拖延车辆送修期间。

3. 保险金额

本附加险保险金额=补偿天数×日补偿金额。

补偿天数及日补偿金额由投保人与保险人协商确定并在保险合同中载明,保险期间内约定的补偿天数最多不超过 90 天。

4. 赔偿处理

全车损失,按保险单载明的保险金额计算赔偿;部分损失,在保险金额内按约定的日补偿金额乘以从送修之日起至修复之日止的实际天数计算赔偿,实际天数超过双方约定的修理天数的,以双方约定的修理天数为准。

在保险期间内,累计赔偿金额达到保险单载明的保险金额,本附加险保险责任终止。

5.6 附加发动机进水损坏除外特约条款

投保了机动车损失保险的机动车,可投保本附加险。而新能源车专属商业险则删除了"附加发动机进水损坏除外特约条款"。

在保险期间内,投保了本附加险的被保险车辆在使用过程中,因发动机进水而导致的发动机的直接损毁,保险人不负责赔偿。

5.7 附加车上货物责任险

投保了机动车(或新能源汽车)第三者责任险的营业货车(含挂车),可投保本附加险。

1. 保险责任

在保险期间内,发生意外事故致使被保险车辆(或新能源汽车)所载货物遭受直接损毁,依法应由被保险人承担的损害赔偿责任,保险人负责赔偿。

2. 责任免除

(1)偷盗、哄抢、自然损耗、本身缺陷、短少、死亡、腐烂、变质、串味、生锈,动物走失、飞失,货物自身起火燃烧或爆炸造成的货物损失。

(2)违法、违章载运造成的损失。

(3)因包装、紧固不善,装载、遮盖不当而导致的任何损失。

(4)车上人员携带的私人物品的损失。

(5)保险事故导致的货物减值、运输延迟、营业损失及其他各种间接损失。

(6)法律、行政法规禁止运输的货物的损失。

3. 责任限额

责任限额由投保人和保险人在投保时协商确定。

4. 赔偿处理

(1)当被保险人索赔时,应提供运单、起运地货物价格证明等相关单据。保险人在责任限额内按起运地价格计算赔偿。

(2)当发生保险事故后,保险人依据保险合同的约定在保险责任范围内承担赔偿责任,赔偿方式由保险人与被保险人协商确定。

5.8 附加精神损害抚慰金责任险

投保了机动车(或新能源汽车)第三者责任险或机动车(或新能源汽车)车上人员责任险的机动车,可投保本附加险。

在投保人仅投保机动车（或新能源汽车）第三者责任险的基础上附加本附加险时，保险人只负责赔偿第三者的精神损害抚慰金；在投保人仅投保机动车（或新能源汽车）车上人员责任险的基础上附加本附加险时，保险人只负责赔偿车上人员的精神损害抚慰金。

1. 保险责任

保险期间内，被保险人或其允许的驾驶人员在使用被保险车辆（或新能源汽车）的过程中，发生投保的主险约定的保险责任内的事故，造成第三者或车上人员的人身伤亡，受害人据此提出精神损害赔偿请求，保险人依据法院判决及保险合同约定，对应由被保险人或被保险车辆驾驶人员支付的精神损害抚慰金，在扣除交强险应当支付的赔款后，在本附加险赔偿限额内负责赔偿。

2. 责任免除

（1）根据被保险人与他人的合同协议，应由他人承担的精神损害抚慰金。

（2）未发生交通事故，仅因第三者或本车人员的惊恐而引起的损害。

（3）怀孕妇女的流产发生在交通事故发生之日起 30 天以外的。

3. 赔偿限额

本附加险每次事故赔偿限额由保险人和投保人在投保时协商确定。

4. 赔偿处理

本附加险赔偿金额依据生效法律文书或当事人达成且经保险人认可的赔付协议，在保险单所载明的赔偿限额内计算赔偿。

5.9 附加法定节假日限额翻倍险

投保了机动车（或新能源汽车）第三者责任险的家庭自用汽车，可投保本附加险。

在保险期间内，被保险人或其允许的驾驶人员在法定节假日期间使用被保险车辆（或新能源汽车）发生机动车第三者责任险范围内的事故，并经公安部门或保险人查勘确认的，被保险车辆（或新能源汽车）第三者责任险所适用的责任限额在保险单载明的基础上增加 1 倍。

5.10 附加医保外医疗费用责任险

投保了机动车（或新能源汽车）第三者责任险或机动车（或新能源汽车）车上人员责任险的机动车，可投保本附加险。

1. 保险责任

保险期间内，被保险人或其允许的驾驶人员在使用被保险车辆（或新能源汽车）的过程中，发生主险保险事故，对于被保险人依照中华人民共和国法律（不含中国港澳台地区法律）应对第三者或车上人员承担的医疗费用，保险人对超出《道路交通事故受伤人员临床诊疗指南》和国家基本医疗保险同类医疗费用标准的部分负责赔偿。

2. 责任免除

下列损失、费用，保险人不负责赔偿：

（1）在相同保障的其他保险项下可获得赔偿的部分。

（2）所诊治伤情与主险保险事故无关联的医疗、医药费用。

（3）特需医疗类费用。

3. 赔偿限额

赔偿限额由投保人和保险人在投保时协商确定，并在保险单中载明。

4. 赔偿处理

当被保险人索赔时，应提供由具备医疗机构执业许可的医院或药品经营许可的药店出具的、足以证明各项费用赔偿金额的相关单据。保险人根据被保险人实际承担的责任，在保险单载明的责任限额内计算赔偿。

5.11 附加机动车（或新能源汽车）增值服务特约条款

投保了机动车（或新能源汽车）保险后的机动车（或新能源汽车），可投保本特约条款。

本特约条款包括道路救援服务特约条款、车辆安全检测特约条款、代为驾驶服务特约条款、代为送检服务特约条款共4个独立的特约条款，投保人可以选择投保全部特约条款，也可以选择投保其中部分特约条款。保险人依照保险合同的约定，按照承保特约条款分别提供增值服务。

1. 道路救援服务特约条款

（1）服务范围。

在保险期间内，被保险车辆（或新能源汽车）在使用过程中发生故障而丧失行驶能力时，保险人或其受托人根据被保险人请求，向被保险人提供如下道路救援服务：

①单程50 km以内拖车。

②送油、送水、送防冻液、搭电。

③轮胎充气、更换轮胎。

④车辆脱离困境所需的拖拽、吊车。

（2）责任免除。

①根据所在地法律法规、行政管理部门的规定，无法开展相关服务项目的情形。

②送油、更换轮胎等服务过程中产生的油料、防冻液、配件、辅料等材料费用。

③被保险人或驾驶人员的故意行为。

（3）责任限额。

保险期间内，保险人提供2次免费服务，超出2次的，由投保人和保险人在签订保险合同时协商确定，分为5次、10次、15次、20次。

2. 车辆安全检测特约条款

（1）服务范围。

在保险期间内，为保障车辆安全运行，保险人或其受托人根据被保险人请求，为被保险车辆提供车辆安全检测服务，车辆安全检测项目包括：

①发动机检测（机油、空滤、燃油、冷却等）。

②变速器检测。

③转向系统检测（含车轮定位测试、轮胎动平衡测试）。

④底盘检测。

⑤轮胎检测。

⑥汽车玻璃检测。

⑦汽车电子系统检测、电控电器系统检测。

⑧车内环境检测。

⑨车辆综合安全检测。

而对被保险车辆，额外还提供蓄电池检测服务。

（2）责任免除。

①检测中发现的问题部件的更换、维修费用。

②洗车、打蜡等常规保养费用。

③车辆运输费用。

（3）责任限额。

在保险期间内，本特约条款的检测项目及服务次数上限由投保人和保险人在签订保险合同时协商确定。

3. 代为驾驶服务特约条款

（1）服务范围。

在保险期间内，保险人或其受托人根据被保险人请求，在被保险人或其允许的驾驶人员因饮酒、服用药物等原因无法驾驶或存在重大安全驾驶隐患时提供单程 30 km 以内的短途代驾服务。

（2）责任免除。

根据所在地法律法规、行政管理部门的要求，无法开展相关服务项目的情形。

（3）责任限额。

在保险期间内，本特约条款的服务次数上限由投保人和保险人在签订保险合同时协商确定。

4. 代为送检服务特约条款

（1）服务范围。

在保险期间内，按照《中华人民共和国道路交通安全法实施条例》，在被保险车辆需由机动车安全技术检验机构实施安全技术检验时，根据被保险人请求，由保险人或其受托人代替车辆所有人进行车辆送检。

（2）责任免除。

①根据所在地法律法规、行政管理部门的要求，无法开展相关服务项目的情形。

②车辆检验费用及罚款。

③维修费用。

5.12 附加外部电网故障损失险

投保了新能源汽车损失保险的新能源汽车，可投保本附加险。

（1）在保险期间内，投保了本附加险的被保险新能源汽车在充电期间，因外部电网故障而导致被保险新能源汽车的直接损失，且不属于免除保险人责任的范围，保险人依照保险合同的约定负责赔偿。

（2）在发生保险事故时，被保险人为防止或者减少被保险新能源汽车的损失所支付的必要的、合理的施救费用，由保险人承担；施救费用数额在被保险新能源汽车损失赔偿金额以外另行计算，最高不超过主险保险金额。

5.13 附加自用充电桩损失险

投保了新能源汽车损失保险的新能源汽车，可投保本附加险。

1. 保险责任

在保险期间内，保险单载明地址的，被保险人的符合充电设备技术条件、安装标准的自用充电桩，因自然灾害、意外事故、被盗窃或遭他人损坏导致的充电桩自身损失，保险人在保险单载明的本附加险的保险金额内，按照实际损失计算赔偿。

2. 责任免除

投保人、被保险人或驾驶人员故意制造保险事故。

3. 保险金额

保险金额为2000元、5000元、10000元或20000元，由投保人和保险人在投保时协商确定。

4. 赔偿处理

（1）在发生保险事故后，保险人依据本条款约定在保险责任范围内承担赔偿责任，赔偿方式由保险人与被保险人协商确定。

$$赔偿金额 = 实际修复费用 - 被保险人已从第三方获得的赔偿金额$$

（2）在保险期间内，累计赔偿金额达到保险金额，本附加险保险责任终止。

5.14 附加自用充电桩责任险

投保了新能源汽车第三者责任险的新能源汽车，可投保本附加险。

1. 保险责任

在保险期间内，保险单载明地址的，被保险人的符合充电设备技术条件、安装标准的自用充电桩造成第三者人身伤亡或财产损失，依法应由被保险人承担的损害赔偿责任，保险人负责赔偿。

2. 责任免除

由被保险人的故意行为导致。

3. 责任限额

责任限额由投保人和保险人在投保时协商确定。

5.15 附加险保险费计算

1. 附加发动机进水损坏除外特约条款

根据车辆使用性质和车辆种类查询纯风险费率。

$$基准纯风险保险费 = 车损险基准纯风险保险费 \times 费率$$

2. 附加新增加设备损失险

根据车辆使用性质查询调整系数。

$$基准纯风险保险费 = 保险金额 \times 车损险基准纯风险保险费 / 车损险的保险金额 / 调整系数$$

3. 附加车身划痕损失险

根据车辆使用年限、新车购置价、保险金额所属档次直接查询基准纯风险保险费。

4. 附加修理期间费用补偿险

$$基准纯风险保险费 = 约定的最高赔偿天数 \times 约定的最高日责任限额 \times 纯风险费率$$

当前大部分保险公司采用的附加修理期间费用补偿险的纯风险费率是固定的。

5. 附加精神损害抚慰金责任险

$$基准纯风险保险费 = 每次事故责任限额 \times 纯风险费率$$

当前大部分保险公司采用的附加精神损害抚慰金责任险的纯风险费率是固定的。

6. 附加绝对免赔率特约条款

根据绝对免赔率查询附加比例。

$$基准纯风险保险费 = 机动车主险基准纯风险保险费 \times 附加比例$$

7. 附加车轮单独损失险

$$基准纯风险保险费 = 保险金额 \times 纯风险费率$$

8. 附加车上货物责任险

$$基准纯风险保险费 = 责任限额 \times 纯风险费率$$

9. 附加法定节假日限额翻倍险

根据被保险车辆的使用性质、车辆种类、基础责任限额、翻倍责任限额直接查询基准纯风险保险费。

10. 附加医保外医疗费用责任险

$$基准纯风险保险费 = 主险基准纯风险保险费 \times 附加比例$$

11. 附加机动车（或新能源汽车）增值服务特约条款
　　　基准纯风险保险费＝基础纯风险保险费×客户分类系数

📝 任务实施

☞ 任务准备

（1）防护装备：服装、抹布、灭火器。

（2）工具设备：整车、洽谈桌、投保单、名片、保险公司标签、电话、电脑、车险投保承保软件、打印机。

（3）辅助资料：笔、记录本、卡片、记号笔、翻纸板、参考书。

☞ 实施步骤

（1）结合对汽车附加险各险种和特约条款的学习，分析各附加险对应的主险。

（2）上网查询我国现行的汽车附加险内容，并记录、分析。

利用搜索引擎搜索"商业险、附加险"等关键词，查询、记录和分析如下内容：

①车险综合改革后，汽车附加险险种相较于之前的变动。

②我国现行汽车附加险的险种。

③传统汽车附加险与新能源车专属附加险之间的区别。

（3）根据查询的信息，填写并完成任务报告。

📖 任务报告

任务：汽车附加险的分类			
班级		姓名	
组别		组长	
1. 接受任务（5分）		得分：	
你是一名汽车技术服务与营销专业的二年级学生，现在开始学习"汽车保险与理赔"这门专业课程，需要学习汽车附加险各险种及特约条款内容。请利用教材、参考书及网络资源进行检索并将相关信息总结、记录到报告中			
2. 信息收集（20分）		得分：	
（1）结合对汽车附加险各险种和特约条款的学习，分析各附加险对应的主险。 （2）上网查询我国现行的汽车附加险的内容，并记录、分析			
3. 制订计划（15分）		得分：	
请根据工作任务制订工作计划及任务分工。			

序号	工作内容	工作要点	负责人

（续表）

4. 计划实施（50分）	得分：
（1）结合对汽车附加险各险种和条款的学习，分析各附加险对应的主险。（20分）	
主险机动车（或新能源汽车）损失保险的附加险险种	
主险机动车（或新能源汽车）第三者责任险的附加险险种	
主险机动车（或新能源汽车）车上人员责任险的附加险险种	
（2）上网查询我国现行的汽车附加险的内容，并记录、分析。（30分）	
车险综合改革后，汽车附加险险种相较于之前的变动	
我国现行汽车附加险险种	
传统汽车附加险与新能源车专属附加险的区别	

5. 检查评价（10分）	得分：
请根据成员在完成任务中的表现及工作结果进行评价。 自我评价： 小组评价：	

任务总成绩：

实操训练

模块：汽车营销评估与金融保险服务技术（初级）			考核时间：50分钟	
姓名：	班级：	学号：	考评员签字：	
初评：☞合格 　　　☞不合格	复评：☞合格 　　　☞不合格	师评：☞合格 　　　☞不合格		
日期：	日期：	日期：		
考核项目：汽车保险与按揭作业流程［实操考核报告］				

1. 学员根据任务描述，进行车辆信息记录。

车牌号码		发动机号码		厂牌型号	
车牌底色		机动车种类		使用性质	
车辆用途		核定载客/人		购买价格/元	
已使用年限/年		行驶里程/km		行驶区域	
车架号（VIN）					

2. 请查询相关系统，计算所指定客户车辆需缴纳的附加险保险费。

咨询人姓名		展业单号		制单人	
联系电话		咨询人住址		制单日期	
上一年度出险情况		投保的商业险主险	车损险◎	三者险◎	车上人员责任险◎
附加险险种		保险金额/元		保险费/元	

3. 根据所提供的客户车辆使用信息，作为一名汽车保险销售人员，完成附加险产品介绍的情景模拟。

项目三

汽车保险承保

学习任务

本项目主要是帮助初学者学习汽车保险承保接待,分为 5 个学习任务。
任务 6　汽车保险展业
任务 7　汽车保险投保方案设计
任务 8　汽车保险合同
任务 9　核保出单
任务 10　续保、批改和退保

通过 5 个任务的学习,了解汽车保险展业过程,了解制订汽车保险方案的原则,掌握保险合同的订立原则。了解核保流程内容,了解续保、批改、退保业务流程。能够进行汽车保险承保业务的办理。

任务6 汽车保险展业

任务引导

买了新车后,在上路前当然应该先给爱车做好足够的保障措施。目前投保车险的方式多种多样,有多种渠道可供选择。面对如此多的保险公司和多种的车险办理渠道,作为汽车保险销售人员要能够根据客户的车辆使用情况,为其选择适合的投保渠道和保险公司。那你知道如何开展汽车保险宣传活动吗?知道如何选择适合的投保渠道和保险公司吗?

任务目标

☞ 知识目标

(1)了解汽车保险展业的准备工作和保险宣传内容。
(2)熟悉保险营销的流程中各环节的主要内容。
(3)学会保险促成方法,完成签单。

☞ 能力目标

(1)能够运用所学开展保险展业活动,进行汽车保险宣传。
(2)能够运用所学知识帮助客户选择最佳的投保渠道。
(3)能够运用所学知识进行汽车保险承保接待。
(4)严格执行工作现场"7S"管理。

任务资讯

6.1 汽车保险展业

投保人或被保险人向保险人表达缔结保险合同的意愿,即为投保。汽车保险承保实质上是保险双方当事人达成协议、订立保险合同的过程。汽车保险承保的一般流程如图6-1所示,其核心环节为投保→核保→签发单证。

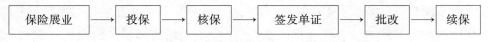

图 6-1 汽车保险承保的一般流程

保险展业,是保险公司进行市场营销的过程,是保险展业人员向具有保险潜在需要的人宣传、介绍并引导其购买保险产品的行为,它是保险经营的起点。保险展业人员可以是保险公司的员工，也可以是中介机构的代理人或经纪人。

6.1.1 保险展业的作用

保险展业所具有的重大作用是由保险服务本身的特点所决定的，主要表现在以下几个方面：

（1）通过保险展业唤起人们对保险的潜在需求。

保险所销售的产品是保险契约，是一种无形商品，它所能提供的是对被保险人或受益人未来生产、生活的保障，即使购买了保险产品，也不能立即获得效用，这就使人们对保险的需求比较消极。因此，有必要通过保险展业一方面满足被保险人现实的需求，另一方面唤起人们的潜在需求，促使其购买保险。

（2）通过保险展业对保险标的和风险进行选择。

保险展业过程也是甄别风险、避免在营销过程中出现逆选择的过程。这一过程远比其他一般商品的销售更为重要。

（3）通过保险展业争夺市场份额，提高经济效益。

保险企业之间的竞争主要是对市场的争夺。只有通过积极有效的营销活动，才能获得充足的保险基金和可靠的运营资金，保证整个经营活动的顺利进行。保险展业面越大，签订的保险合同越多，由保险费形成的责任准备金就越多，保险经营的风险会随之降低，也为进一步降低保险价格、吸引更多的保户创造了条件。保险展业的顺利开展可为保险经营带来良性循环。

（4）通过保险展业增强人们的保险意识。

随着改革的深入，社会经济结构发生了深刻的变化，社会在为人们提供更多机遇的同时，也使人们所面临的各种风险增加了。广泛而优质的保险展业工作不仅能为保险企业带来新客户，而且可唤起全社会的风险意识，对树立整个保险业的良好形象起到重要作用。

6.1.2 保险展业的准备工作

近年来保险合同纠纷不断，主要原因就是保险展业人员没有认真解释合同，有的人员不具备有关知识和技能。因此在开展汽车保险业务前，保险展业人员应掌握相关的知识，事先对保险市场环境、潜在顾客状况、保险公司自身优势和劣势以及保险产品的特点进行全面的分析，制定出保险展业规划和策略。只有做到知己知彼，才能取得预期的保险展业效果。保险展业具体的准备工作有：

（1）掌握相关知识。

①学习掌握与汽车保险业务有关的法律法规和规定，是依法开展汽车保险业务的前提条件。保险展业人员要学习掌握《保险法》、《中华人民共和国民法典》（简称《民法典》），以及《道路交通安全法》、《交通事故处理程序规定》等与道路交通管理、交通事故处理有关的法律法规和政策。

②学习掌握保险基本原理、相关技能及实务操作规程等业务知识，是顺利开展汽车保

险业务的基本要求。保险展业人员要学习掌握保险基础知识和汽车保险条款、条款解释、费率、费率规章,熟记投保单、保额确定方法、保险责任、责任免除、赔偿方式等各项内容。

③学习机动车基本知识,如车辆基本构造原理、车型的识别和常见车型的价格。

④学习掌握国家金融监督管理总局对保险特别是汽车保险的监管规定和要求。

⑤学习掌握本公司对机动车保险经营管理的规定与要求。

⑥学习掌握本地保险同业机构达成的行业自律公约或协议等制度。

(2) 掌握当地情况。

①调查了解当地机动车及其保险的基本情况。保险展业人员要调查掌握所辖区域机动车社会拥有量、驾驶人员数量、各类车型所占比例、承保情况等;调查掌握所辖区域内机动车和承保车辆的历年事故发生频率、事故规律和出险赔付情况;分别建立社会车辆拥有量的保源数据库、车辆保险数据库和交通事故分析数据库,业务部门据此做好车辆风险分析与保险展业、承保、核保指南。有条件的地区可以与车辆管理部门建立合作关系,实现资源共享。

②了解市场对车险险种的需求、选择取向,掌握客户投保心理动态,了解客户的需求。

③了解保险同业情况,掌握本地区保险市场竞争动态、竞争对手的业务发展重点、保险展业方向及措施和手段,只有做到知己知彼,才能制定出有针对性的竞争策略,获得竞争优势。同时,可以学习借鉴竞争对手先进的保险展业方法,超越战胜对方。

(3) 保前调查。

调查了解保险展业对象的基本情况,是有的放矢地开展汽车保险业务、保证业务质量的根本要求。

①了解客户拥有车辆的数量、车型、用途及车辆的状况、驾驶人员素质、运输对象(货物或人员)情况。

②了解投保车辆安全管理的实际情况,以及历年投保情况,包括承保公司、投保险种、出险与实际赔付情况。

③了解客户的投保动机、信誉程度,防止逆向投保和道德风险。

④摸清客户与标的利益关系,确定有无可保利益。

(4) 制订保险展业计划,确定保险展业目标。

①制订月、季、年度保险展业计划和策略,确定保险展业目标和保险展业重点,定期分析保险展业情况。制订保险展业计划应实事求是,展业目标要明确,时间安排要合理。

②做好续保工作。根据保险数据库资料制订续保工作计划,在保险期满前一个月应给客户邮寄或上门发送续保通知书。

③保险展业人员应详细地了解车险业务分类的有关情况,提高优质业务占比,降低劣质业务占比。

6.1.3 保险宣传

保险展业人员在做好各项保险展业准备工作之后，就要制订合适的宣传计划和策略，进行保险宣传。保险宣传对于增强国民的保险意识以及顺利开展保险业务具有重要的作用。在我国，很多人对保险的职能和作用认识不够，保险意识淡薄。因此，要想扩大汽车保险的影响力，提高汽车保险的社会地位，就得依靠宣传，让更多的人了解和认识汽车保险，吸引更多的人投保。保险宣传是保险公司根据自身和客户群体需要"量体裁衣"，选择在特定的场所和时间宣传所开发的产品特点以及如何投保、索赔，从深度上扩大影响。加大保险宣传对保险业务的开展、避免出现保险纠纷具有重要作用。

（1）保险宣传的方式。

汽车保险宣传可以采取以下方式：

①通过电视、广播、报纸、广告牌、网络等多种媒体进行广告宣传。

②通过发放宣传资料、放映汽车保险故事影片等方式进行宣传。

③通过召开座谈会、开展公益活动、开展保险咨询活动等在多个场合开展宣传活动。

特别注意，在进行汽车保险宣传时要争取获得当地政府及公安机关交通管理部门的支持和配合。

（2）保险宣传的内容。

保险展业人员在进行汽车保险宣传时应重点介绍以下内容：

①汽车保险的职能和作用。保险宣传要把工作重点放在大力宣传汽车保险的职能和作用上，可以充分利用汽车保险理赔典型案例，采取跟踪报道，让被保险人或受益人从买保险、谈保险到夸保险。通过这种保险宣传，扩大汽车保险业的社会影响，有效地培养和提高社会公众的汽车保险意识。

②结合当地保险市场特征，宣传本公司车险的名优产品，以及公司在经营能力、机构、网络、人才、技术、偿付能力和服务方面的优势。在宣传时，以正面宣传本公司的优势为主，宣传材料和宣传方式应避免损害其他保险人。

③介绍基本险、附加险条款的主要内容和承保、理赔手续。重点宣传保险责任、责任免除、责任限额、投保人/被保险人义务、赔偿处理，以及附加险与基本险在风险保障上的互相补充作用，并备齐有关宣传材料。

在进行保险宣传的过程中，要遵守国家有关法律法规和国家金融监督管理总局对交强险和机动车商业保险的监管政策和规定，不得对保险条款进行扩展性解释或超越权限向投保人私自承诺，误导投保人投保。

（3）提供优质服务。

提供优质服务是潜意识地宣传，是提高保险公司知名度、美誉度的最佳途径。宣传只能解释服务内容，只有提供优质服务、特色服务才能塑造品牌，吸引客户，让客户记住保险公司。在新形势下，各保险公司都致力于开辟优质服务的窗口与平台，如呼叫专线、电子商务平台、网站，以及内、外部传媒的宣传平台等，从很大程度上拉近了社会与保险公司的距离，有力地推动了保险业务的发展。在保险工作中，一宗处理及时的赔付案件，一次热情周到的服务都会使客户永不忘怀，甚至感动万分。所以，寓宣传活动于优质服务之中或融优质服务于宣传活动之中都能取得相得益彰的效果，可赢得客户的长久信赖，与客户形成长期的互相信任的合作关系。

6.2 汽车保险购买途径

6.2.1 汽车保险投保渠道

汽车保险投保的渠道主要有如下几种：

（1）通过专业代理机构投保。

专业代理机构（即保险中介）是指主营业务为代卖保险公司保险产品的保险代理公司。专业代理机构的特点是自己公司无产品，主要渠道是代理各个保险公司的产品，帮助保险公司销售产品。通过专业代理机构投保的优缺点见表6-1。

表6-1 专业代理机构投保的优缺点

优点	缺点
由于目前各保险中介竞争比较激烈，为争抢客户，他们给予的保险折扣也比较大，相对而言价格会比较低廉。同时，保险中介可以上门服务或代客户办理各种投保、理赔所需的手续，对于客户而言会比较便捷	投保成本相对较高。个别保险代理人为促成车主购买保险，对车主进行很多口头承诺，但之后在出险理赔时却无法兑现。一些非法保险中介会私自拖欠和挪用客户的保险费，使得保费无法及时、顺畅、安全地到达保险公司，进而使得客户在后期就难以正常享受保险公司的理赔。此外，保险中介的"低价"背后会隐藏很多不规范的操作

（2）通过兼业代理投保。

兼业代理是指受保险人委托，在从事自身业务的同时，指定专人为保险人代办保险业务的单位。

以4S［4S指整车销售（sale）、零配件（spare part）、售后服务（service）、信息反馈（survey）］店为例，4S店是新车主投保之前的第一个联系人，为了提高自身盈利和竞争力，其与各大保险公司合作，增加了保险代理业务，其性质与保险代理公司相同。在兼业代理机构（4S店）投保的优缺点见表6-2。

表6-2 在兼业代理机构（4S店）投保的优缺点

优点	缺点
通过4S店购买车辆商业保险，日后如果出现意外需要保险公司出险、赔偿时，不仅可以通过拨打保险公司的出险电话报险，还可以通过4S店的保险顾问进行报险，享受"一对一"的直线服务。同时，维修质量、配件质量都能得到保障	由于兼业代理机构代卖保险属于副业，所以专业性相对不够。而且需要客户讨价还价，保险费也不一定便宜。同时，选择不当也会有风险

(3) 柜台（上门）投保。

柜台（上门）投保是指投保人亲自到保险公司的对外营业窗口投保。柜台（上门）投保的特点是保险公司有自己的产品，并出售保险产品。柜台（上门）投保的优缺点见表6-3。

表 6-3　柜台（上门）投保的优缺点

优点	缺点
投保人亲自到保险公司投保。保险公司的业务人员对每个保险险种及其保险条款进行详细的介绍和讲解，并根据投保人的实际情况提出保险建议以供参考，使投保人能选择到更适合自己的保险产品，使其利益得到更充分的保障。投保人直接到保险公司投保，由于降低了营业成本，商业车险费率折扣会高一些。最重要的一点就是可以避免被一些非法中介误导和欺骗	投保人必须事事自己动手操办，尤其是在出险后索赔时。对于很多不了解理赔程序的投保人来说，在办理手续时会觉得既费时又麻烦

(4) 电话投保。

电话投保是指投保人通过拨打保险公司的服务电话进行投保。电话投保是近年来比较流行的投保渠道，免去了保险代理的参与，在保险费方面的优势很强。投保人直接与保险公司沟通，但是在出险后的一切流程需要投保人自主执行。电话投保的优缺点见表6-4。

表 6-4　电话投保的优缺点

优点	缺点
随着近年来电话车险模式的成熟和火热，直接通过电话到保险公司投保已经成为一种新兴的投保方式。首先，电话投保因为免去了保险代理的参与，投保人能拿到低于其他任何渠道折扣。其次，投保人直接面对保险公司，避免被保险代理误导和欺骗。由专人接听电话，解答各种问题并协助办理投保手续，且可送保单上门，省时、省力	投保人不太容易和保险公司谈判。在车辆出险后没有中介人帮助投保人进行对车辆的定损、维修和理赔，整个过程需要投保人自己处理，对于不了解理赔流程的投保人来说这是一件非常令人头疼的事情

(5) 网上投保。

网上投保是指投保人在保险公司设立的专用网站（电子商务平台）上发送投保申请，保险公司在收到申请后电话联系投保人进行确认的一种投保方式。网上投保是目前最快捷、最方便的投保方式，其优缺点见表6-5。

表 6-5　网上投保的优缺点

优点	缺点
方便快捷，一般需要几分钟就可完成投保，是电话投保的进一步发展，没有中间环节费用，投保方式更优惠。保单可由专人送上门	投保人需要懂一些电脑网络知识，同时对保险较熟悉，对险种需求有明确要求才可直接下单。如果投保人对相关信息不是很明确，仍需电话联系保险公司。目前可能会有一些虚假的钓鱼网站，投保人在投保时务必仔细识别，在官方网站进行投保

6.2.2 选择保险公司

（1）选择保险公司时应考虑的因素。

①有合法资质且经营车险业务。

通过保险中介购买汽车保险时，尤其要注意其是否具有合法的保险兼业代理资格，是否可能出现保单造假现象。

②信誉度高，口碑良好。

值得注意的是，市场知名度高的公司其信誉度不一定就高，应注意甄别。

③服务网络是否全国化。

汽车的风险是流动性风险，当在异地出险时，只有在全国各地建立服务网络的保险公司才能实现全国通赔（就地理赔），这样可为客户省去不少麻烦。

④车险产品的"性价比"。

投保人应比较保险公司产品之间的差异，找出能针对自身风险的保险产品，从而达到在最省钱的状态下获得最有用、最安全的保障。

⑤费率优惠和无赔款优待的规定。

实际的费率和无赔款优待方面的规定在各保险公司之间存在差异。

⑥增值和个性化服务。

此类服务多种多样，例如，电子查勘、拖车救援服务、汽车抛锚代送燃油服务、汽车代驾服务等。有的保险公司还建立了汽车保险会员俱乐部，为车主提供全方位的服务。

（2）如何选择保险公司。

衡量一个保险公司的好坏牵涉很多因素，不仅要看其资本实力是否雄厚，服务水平的高低，还要看其是否符合自己的评判标准。同时，公司的信誉度和服务质量也是首要考虑的因素。可以说，很难找到最好的，但能找到最适合自己的保险公司。在具体选择保险公司时主要考虑以下因素：

①经营规模。

一些保险公司经营规模大、服务网点多、涉及范围比较广，即使在偏远的地区发生意外交通事故，也能够提供及时有效的救援、理赔等服务。

②经营状况。

投保人需要考察保险公司的偿付能力和财务状况。投保人一般应该依据相关部门或权威评级机构对保险公司的评定结果来了解保险公司的偿付能力。投保人还可以查看保险公司的财务报表，分析保险公司的保险费收入、赔款、费用、利润等财务指标，从而了解其财务状况。可以通过国家金融监督管理总局网站、各保险公司的网站等来获得此类信息。

③服务质量。

好的服务质量主要体现在热情周到、及时办理手续、送达保单、及时通报新险种、新服务，出险后及时赔付，注意与顾客的及时沟通等方面。同时，服务质量好的保险公司还会提供额外的附加服务，如极速理赔、全国通赔、紧急援助、定期回访等。

6.3 汽车保险营销

保险营销是以保险这一特殊商品为客体，以消费者对这一特殊商品的需求为导向，以满足消费者转嫁风险的需求为中心，运用整体营销或协同营销的手段，将保险产品销售给消费者，以实现保险公司长远经营目标的一系列活动。汽车保险营销就是以汽车保险为客体而开展的一系列活动。

汽车保险产品的营销更注意主动性、人性化和关系营销。离开了主动性，汽车保险营销就会陷于盲目和停滞；脱离了人性化，汽车保险营销就会变得缺乏活力和吸引力；忽视了关系营销，汽车保险营销就会成为无源之水，无本之木。汽车保险营销流程如图6-2所示。

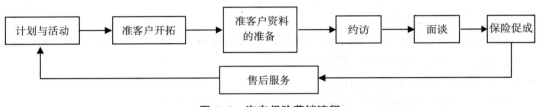

图6-2 汽车保险营销流程

（1）计划与活动。

计划与活动是指制订详细的工作计划及各项销售活动的目标，是整个销售过程的灵魂。它可以清晰地让汽车保险销售人员知道在什么时候该做什么事情，把有限的力量用在销售的关键点上。

（2）准客户开拓。

准客户是指有保险需求，但是尚未购买保险的客户群体。有保险需求、有交费能力、符合核保标准、容易接近是准客户应具备的条件。

保险客户开拓就是识别、接触并选择准客户的过程。准客户开拓是保险营销环节中最重要的一个步骤，可以说，保险销售人员最主要的工作是做好准客户的开拓。

①准客户开拓的步骤。

准客户开拓工作可以分5步进行：第一，获取尽可能多的人的姓名；第二，根据这些姓名，了解情况，即确认他们是否有可能成为保险的购买者；第三，建立准客户信息库，将准客户的资料储存起来；第四，经人引见，拜访准客户；第五，淘汰不符合条件的准客户。

②准客户开拓的途径。

保险销售人员一般依据自己的个性和销售风格进行准客户开拓。常用的准客户开拓途径有陌生拜访、缘故开拓、连锁介绍、直接邮件和电话营销、网络营销等。

（3）准客户资料的准备。

①收集准客户资料。

拜访准客户的目的主要是收集准客户的相关资料，然后根据准客户的具体情况，分析准客户的保险需求。

准客户的一些诸如年龄、性别、家庭住址、工作单位等信息比较好收集，当你问准客户时，准客户会给你一个明确的答案，但是，提问也是需要技巧的，否则也会遭到准客户的反感。

②准客户资料的整理分析。通过调查，得到了准客户的各种资料，这时候有的保险销售人员认为可以约访准客户了，其实这还远远不够，还需要把所取得的准客户资料，及时地进行整理分析，并针对准客户的特点，在和准客户面谈前，预先草拟出适合准客户的保险方案或保险计划书。

保险计划书是指保险从业人员根据准客户自身财务状况和理财要求，为准客户推荐合适的保险产品，设计最佳的投保方案，为准客户谋求最大保险利益，同时又有助于准客户理解和接受保险产品的一种文字材料。

一份完整的计划书看似简单，但实际上需要细心了解和周密地分析。设计保险计划书时要遵循保额最大、保障最全、保险费适合准客户能力3个原则。

（4）约访。

约访的方法主要有以下几种：

①电话约访。

在打电话之前，保险销售人员要把签字笔、记录卡、笔记本、准客户的资料、保险条款的有关内容、费率表等相关资料和物品放在电话机旁，以做到有备无患，在需要时可以随时取用。打电话时，全身放松，让自己处于微笑状态。微笑说话，声音也会传递出愉快的感觉，让准客户听起来就感觉亲切自然。说话言辞简洁，突出主题。

②电子邮件约访。

有的准客户喜欢电话约访，有的准客户喜欢电子邮件约访。如果能够用准客户喜欢的方式与其联系，沟通起来就会方便得多。而且在很多时候，发一封电子邮件比打一个电话更为便捷。

③当面约访。

在所有的约访方法中，当面约访是最直接、见效最快的一种方法。和其他约访方法一样，保险销售人员在当面约访时也要注意自身的仪容仪表和基本礼仪。

（5）面谈。

当保险销售人员与准客户初次面谈时，一定要格外谨慎，要善于倾听、用心去听，用心去讲，千万不能在陌生的准客户面前毫无顾忌地口若悬河。在与准客户面谈时，要注意以下几个方面的事项：

①不谈对方敏感的事。

保险销售人员要学会尊重对方，在面谈时，尊重对方的职业、性别、宗教信仰以及生活习俗和个人爱好等，不谈对方敏感的事，更不要冒昧询问对方不愿谈及或涉及的人和事，要理解与体谅对方，否则会引起对方的反感和厌恶。

②不谈对方的家境。

在与准客户面谈时,保险销售人员不能提及其现在或过去的家境,以免引起对方的反感和厌恶。

③不和对方开过分的玩笑。

保险销售人员在与准客户面谈时,如果彼此不是十分熟悉,千万别开过分的玩笑,适当的幽默是需要的,但一定要高雅、温和,切忌庸俗、低级。

④不要演讲。

保险销售人员与准客户的面谈是双向沟通,而不是保险销售人员一人在说,记住"推销不是演讲"。

⑤不要与准客户争论。

保险销售人员推销保险,是为了给准客户送去保障与平安,推销产品,而不是来参加辩论会。因此,与准客户在面谈时,保险销售人员切不可与其发生争论,记住要与准客户进行有效沟通。

⑥不要坚持改变对方。

保险销售人员与准客户面谈,是为了取得其信任和理解,增进彼此的了解来促成合作,而不是试图改变对方的想法,接受自己的主张。因此,保险销售人员要展现理解和包容的心态,达到求同存异。

⑦不谈对方的隐私。

保险销售人员在与准客户进行面谈时,不要谈对方的隐私。隐私的具体内容大致包括个人的家庭琐事,如婚姻、恋爱、工薪、福利待遇、住房等。不能有意或无意地提及对方的隐私。

⑧不要指责对方。

保险销售人员与准客户面谈的主要目的之一是增加彼此的信任与理解,加强双方的友谊与感情,要允许对方有不同的见解和主张,不能因对方与自己的见解和主张不同就指责对方。

⑨不可忽视神态举止。

保险销售人员在与准客户进行面谈时,特别要注意自己的神态举止。无声语言所显示的意义比有声语言多得多,态度冷淡会令对方失去兴趣,举止随便会让对方对你不够重视,表情卑微会使对方产生怀疑,动作慌乱会动摇对方对你的信任,内容过于严肃会使对方感到压抑和拘谨。

⑩不要讲大话,"吹牛皮"。

保险销售人员在与准客户进行面谈时,避免夸大其词。适度的自我介绍和赞美是必要的。但过分的自夸和自我吹嘘则显得不恰当。保险销售人员应保持自信而非自负,维护自尊而不可显得傲慢。

（6）保险促成。

保险促成是保险营销中最关键的环节。保险促成就是保险销售人员帮助和鼓励准客户做出购买决定，并协助其完成投保手续的行为和过程。

保险促成，是每一位保险销售人员热切期望达成的目标。但是，很多保险销售人员在面临保险促成时都有压力，担心无法完成这个环节。这就要求保险销售人员熟练掌握促成的方法，根据不同的准客户类型，选择合适的时机和合适的方法。有关保险促成的相关内容将在后面章节中详细介绍。

（7）售后服务。

售后服务是在保险产品销售后，保险公司为客户提供的一系列服务。售后服务在保险营销中的作用举足轻重，主要有以下几个方面内容：协助客户降低风险的服务、保险理赔服务和处理投诉问题。售后服务的目的在于增强客户信心，为保险销售人员进行转介绍，发展客源，塑造保险企业形象。良好的售后服务，有利于增加保源，提高续保率。保险公司的售后服务质量要从多个方面来衡量：其一，非出险状态（通常指售后服务）服务，包括是否对客户家中发生的重大事件给予关心和关注，是否定期访问或不定期联系，是否履约守信，是否能够随时为客户提供答疑咨询等；其二，出险状态服务，对包括报案受理、客户咨询、投诉处理、查勘定损、理算核赔、支付赔款等6个方面提出时效及态度等基本要求。

优质的售后服务能帮助保险企业树立良好的社会形象，是保险企业体现诚信、反映实力、展示魅力和培养客户"忠诚度"的最为重要的环节，是衡量保险企业能否长远发展的重要标志。

6.4 保险促成

保险促成就好像是足球场上的临门一脚，踢好这一脚，射门就成功了。一旦保险促成，准客户就会签单付款。

6.4.1 保险促成的原则

保险营销中的促成是指保险销售人员帮助及鼓励准客户做出购买决定，并协助其完成投保手续的行为和过程。众所周知，保险推销的目的就是能够成功售卖保险产品，因此促成签单在整个保险销售流程中十分重要。

保险促成的原则就是掌握促成时机和运用适当的促成方法。促成的机会是处处存在的，关键在于保险销售人员能否抓住。有了促成的机会后，运用适当的促成方法，签单即可成功。

6.4.2 保险促成准备

当发现准客户发出购买信号时，准确应该考虑是否可以建议成交。但在向准客户提出签单的要求前，保险销售人员应该做好以下准备。

（1）坚定准客户的购买信心。

有的准客户在签单时会有犹豫和担心，这个时候就一定要先了解准客户的犹豫和担心的原因，消除他们的后顾之忧，坚定准客户的购买信心。

（2）事先准备好投保单、收据、笔等签单工具。

（3）承诺可提供的售后服务，让客户买得放心，买得安心。

保险签单是保险服务的开始，因此，客户在买了保险之后，更希望得到的是售后服务，比如节日问候等。对于客户要求或交办的事情，要及时完成。

6.4.3 保险促成时机

保险交易的促成不是随时随地发生的，它需要保险销售人员的努力和判断。时机往往稍纵即逝，保险销售人员要把握住促成的时机。保险促成时机可以通过准客户的表情信号、动作信号和语言信号来发现。

（1）表情信号。

①当准客户不再提问并进行思考时，表明准客户有购买意向。

②当准客户靠在椅子上，左右环顾或突然双眼直视保险销售人员时，表明一直犹豫不决的准客户有购买意向。

③当准客户的表情变得开朗，态度更加友好时，表明其有购买意向。

（2）动作信号。

①当准客户不断点头，对保险销售人员的话表示同意时，表明其有购买意向。

②当准客户细看保险条款并且身体向保险销售人员方向前倾时，表明其有购买意向。

（3）语言信号。

①当专心聆听、寡言少语的准客户询问有关细节问题时，表明其有购买意向。

②当准客户把话题集中在某一险种，并再三关心某一险种的优点或缺点时，表明其有购买意向。

③当准客户对保险保障的细节表现出强烈的兴趣，并开始关心售后服务时，表明其有购买意向。

④当准客户最大的疑虑得到彻底解决，并为保险销售人员的专业程度所折服时，表明其有购买意向。

6.4.4 保险促成方法

（1）风险分析法。

风险分析法旨在通过举例或提示，运用一个可能发生的改变作为手段，让准客户感受到购买保险的必要性和急迫性。

（2）激将法。

俗话说"请将不如激将"，运用适当的激励，可以坚定准客户购买的决心。但是在使用激将法时要看清楚对象，言辞要讲究。例如，保险销售人员可以说："田先生，您的朋友王先生已经投保了，我相信，您也是家庭责任感很强的人！"

（3）推定承诺法。

推定承诺法即假定准客户已经同意购买，主动帮助准客户完成购买的动作。但这种动作通常会让准客户做一些次要重点的选择，而不是要求他马上签字或拿出现金。例如，保险销售人员可以说："您的身份证号码是……""您的家庭地址是……"只要面谈氛围较好，随时都可应用这种方法。"二择一"的技巧通常是此种方法的常用提问方式。

（4）以退为进法。

以退为进法非常适合那些不断争辩且又迟迟不签保单的准客户。当面对准客户使尽浑身解数还不能奏效时，保险销售人员可以转而求教："先生，虽然我知道我们的产品特别适合您，但我的能力有限，说服不了您。不过，在我告辞之前，请您指点出我的不足，给我一个改进的机会好吗？"谦卑的话语往往能够缓和气氛，也可能带来意外的保单。

（5）利益驱动法。

利益驱动法是指以准客户的利益为说明点，打破当前准客户的心理平衡，让准客户产生购买的意识和行为。这种利益可以是金钱上的节约或者回报，也可以是购买保险产品之后所获得的无形利益。前者如节约保险费、资产保全；后者如购买产品后如何有助于达成个人、家庭或事业的目标等。例如，保险销售人员可以说："李先生，您的这份保单既承担了车辆在遭受意外事故后的损失费用，也补偿了您的新车被他人剐划所需要的修复费用。"

（6）行动法。

所谓行动法就是通过具体推动准客户购买的行为，引导准客户购买的过程。例如，保险销售人员可以拿出投保单说："您看这是投保单，填写后交给保险公司承保就立即生效了。"

任务实施

任务准备

（1）防护装备：服装、抹布、灭火器。

（2）工具设备：整车、洽谈桌、投保单、名片、保险公司标签、电话、电脑、车险投保承保软件、打印机。

（3）辅助资料：笔、记录本、卡片、记号笔、翻纸板、参考书。

实施步骤

（1）结合所学汽车保险途径种类和特点的学习，分析购买途径不同，其保险效果是否一样。

（2）上网查询保险公司的选择方法，并记录分析。

利用搜索引擎，搜索"财产保险公司、误区、选择"等关键词，查询并记录和分析的信息包括：

①经营车险业务的财产保险公司。

②选择保险公司时的误区。

③选择保险公司时应考虑的因素。

（3）根据查询的信息，填写并完成任务报告。

📖 任务报告

任务：保险公司的选择				
班级			姓名	
组别			组长	
1. 接受任务（5分）				得分：
你是一名汽车技术服务与营销专业的二年级学生，现在开始学习"汽车保险与理赔"这门专业课程，需要结合客户实际情况，帮助客户寻找本地区最佳保险公司。请利用教材、参考书及网络资源进行检索并将相关信息总结、记录到报告中				
2. 信息收集（20分）				得分：
（1）结合汽车保险购买途径种类及比较分析的学习，分析购买途径不同，其保险效果是否一样； （2）上网查询保险公司的选择方法，并记录分析				
3. 制订计划（15分）				得分：
请根据工作任务制订工作计划及任务分工。				
序号	工作内容		工作要点	负责人
4. 计划实施（50分）				得分：
（1）查询并记录本地区经营的汽车保险公司。（15分）				
本地区经营车险业务的财产保险公司				
本地区经营车险业务的财产保险公司的投保电话				
（2）查询并分析选择汽车保险公司时的常见误区。（15分）				
选择保险费便宜的保险公司				
选择知名度高、规模大的保险公司				
（3）查询并记录本地区汽车保险公司的选择。（15分）				
本地区财产保险公司推出的个性化服务				
本地区可以购买的汽车保险途径				

（续表）

5. 检查评价（10 分）	得分：
请根据成员在完成任务中的表现及工作结果进行评价。 　　自我评价：_____ 　　小组评价：_____	
任务总成绩：	

实操训练

模块：汽车营销评估与金融保险服务技术（初级）		考核时间：50 分钟	
姓名：	班级：	学号：	考评员签字：
初评：☞合格 　　　☞不合格	复评：☞合格 　　　☞不合格	师评：☞合格 　　　☞不合格	
日期：	日期：	日期：	
考核项目：汽车保险与按揭作业流程［实操考核报告］			

1. 学员根据任务描述，记录车辆信息。

车牌号码		发动机号码		厂牌型号	
车牌底色		机动车种类		使用性质	
车辆用途		核定载客/人		购买价格/元	
已使用年限/年		行驶里程/km		行驶区域	
车主姓名		联系电话		职业	
车架号（VIN）					

2. 根据所提供的客户车辆使用信息，作为一名汽车保险销售人员，完成车险承保接待的情景模拟。

任务 7　汽车保险投保方案设计

任务引导

汽车保险销售人员在接受客户投保咨询或进行现场推销险种时，应根据客户的实际情况，帮助客户分析车辆风险所在、选择合适的投保方式和保险金额，以及正确搭配组合险种，为客户设计出最适合的投保方案。那你知道制订汽车保险方案的原则有哪些吗？知道选择常用险种时应考虑的因素有哪些吗？

任务目标

☞ **知识目标**

（1）能描述制订汽车保险方案的原则。

（2）能描述选择常用险种时应考虑的因素。

☞ **能力目标**

（1）能够熟练运用技巧为客户进行交强险和商业险条款的解读。

（2）能够根据客户车辆风险特征和保险消费需求，设计最佳的投保方案。

（3）严格执行工作现场"7S"管理。

任务资讯

7.1 保险方案的内容

由于投保人所面临的风险概率、风险程度不同，因此对汽车保险的需求也各不相同，这需要保险销售人员为投保人设计最佳的投保方案。提供完善的保险方案也是保险人加大保险产品内涵，提高保险公司服务水平的重要标志。保险方案就是保险销售人员在对投保人可能面临的风险进行识别和评估的基础上，为投保人设计的保险建议书。其主要内容包括：

（1）保险人情况介绍。

（2）投保标的风险评估。

（3）保险方案的总体建议。

（4）保险条款以及解释。

（5）保险金额和赔偿限额的确定。

(6) 免赔额以及适用情况。

(7) 赔偿处理的程序以及要求。

(8) 服务体系以及承诺。

(9) 相关附件。

7.2 制订保险方案的原则

1. 充分保障原则

保险方案的制订应建立在对投保人的风险进行充分和专业评估的基础上。通过对风险的识别和评估制订出满足投保人自身风险保障需要的保险方案，即一定要把容易发生的、相对可能性较大的风险包括进去，从而最大限度地分散投保人的风险。

2. 公平合理原则

这里所说的合理就是要确保给投保人制订的保险方案是合理实用的，防止提供不必要的保障。而公平主要体现在保险的价格上面，包括保险本身的价格以及保障的额度。免赔额度必须符合一般价值规律。制订的保险方案应能用最小的成本实现最大的保障。

3. 充分披露原则

充分披露原则是指投保人在投保过程中，对于保险的相关内容具备知情权，因此，在制订保险方案的过程中应根据最大诚信原则，履行如实告知义务，将保险合同的有关规定，特别是可能对投保人或被保险人产生不利影响的规定详细告知。在投保人充分了解保险内容的情况下，双方达成一致签订合同。

7.3 车险险种的选择

1. 车险选择的基本原则

险种的搭配是多种多样的，关键是投保人要了解自身的风险特征，并结合自身的风险承受能力及经济承受能力来选择符合自己需求的险种。

(1) 交强险必须投保。

交强险属于强制保险，车辆上路不投保交强险属于违法行为。按照相关规定，对未按规定投保交强险的机动车，机动车管理部门不得予以登记；机动车安全技术检验机构不得予以检验；公安机关交通管理部门将扣车至依规投保后并处以2倍依规投保最低责任限额应缴纳的保险费的罚款。

(2) 不要重复投保。

《保险法》第56条规定：重复保险的各保险人赔偿保险金的总和不得超过保险价值。除合同另有规定外，各保险人按照其保险金额与保险金额总和的比例承担赔偿责任。因此，即使投保人重复投保也不会得到超额赔偿。无论是交强险还是商业险都适用该原则。

(3) 不要超额投保。

《保险法》第55条规定：保险金额不得超过保险价值。超过保险价值的，超过部分无效，保险人应当退还相应的保险费。因此，即使投保人超额投保也不会得到额外利益。

（4）无论是新车还是旧车，机动车损失保险最好采用足额投保方式。

对新车而言，若采用不足额投保，车辆无论是发生全损还是发生部分损失均得不到足够保障。对于旧车而言，大多数车损事故中的汽车只是发生部分损失，保险公司是按照保险金额与新车购置价的比例来承担赔偿责任的，所以即使发生部分损失也得不到足够赔偿。

（5）主险最好能保全。

机动车损失保险和商业三者责任险一定要投保，这样在车辆出险后，人和车的损失能够得到基本赔偿。至于机动车车上人员责任保险，要根据车主是否有这方面风险及经济承受能力来决定。

2. 选择常用险种时应考虑的因素

（1）交强险。

交强险是国家规定的强制保险，是汽车只要上路就必须投保的，否则违法。

如果不购买交强险，则会产生以下3个后果：

①机动车管理部门不得予以登记，这就意味着汽车不能上路，新车无法获得牌照。

②机动车安全技术检验机构不得予以检验，即汽车无法年检。

③未投保交强险上路的，公安机关交通管理部门将扣车至依规投保后并处以2倍依规投保最低责任限额应缴纳的保险费的罚款。

（2）机动车损失保险。

机动车损失保险是汽车保险中最主要的商业险种，同时也是主险之一。由于汽车在使用过程中可能会遇到意外的交通事故，因此对于一般汽车而言，最好能购买此险种。而且即使是旧车，也建议采用足额方式投保该险种。

（3）机动车第三者责任险。

机动车第三者责任险和机动车损失保险一样，尽管不是强制险，但所有车主最好投保。一旦汽车遇到交通事故，使车上的第三者遭受人身伤害或财产损失，车主有赔偿责任，尤其是人身伤亡的情况，赔偿金额往往数额较大，靠交强险赔偿远远不够。而在机动车第三者责任险里面对死伤残医疗财产等不做分项。车险综合改革后，机动车第三者责任险责任限额被提升到10万～1000万元。建议车主足额投保机动车第三者责任险，保险金额参考所在地的赔偿标准。部分地区的保险金额参考标准见表7-1。

表7-1 部分地区的保险金额参考标准

保险金额/万元	部分地区
200	北京、上海、深圳、苏州、广州、南京、宁波、厦门、无锡
150	温州、佛山、长沙、武汉、青岛、天津、南通、大连、福州

(续表)

保险金额/万元	部分地区
100	沈阳、济南、呼和浩特、重庆、镇江、桂林、海口、信阳、石家庄、昆明、蚌埠、乌鲁木齐

（4）机动车车上人员责任保险。

车主在购买机动车车上人员责任保险时，主要应考虑如下因素：

①驾驶人员是车主，还是不固定驾驶人员。

②乘客是家庭成员，还是不固定人员。

（5）附加车身划痕损失险。

车主在购买附加车身划痕损失险时，主要应考虑如下因素：

①驾驶人员的驾驶技术。

②是新车还是旧车。因为对驾驶技术不太好的车主而言，车辆被刮蹭的概率较大。对停在停车场的新车而言，易被其他进出车辆等划伤漆面。所以，一般只适合新车且是新驾驶人投保。

③本地区的治安状况。

（6）附加新增加设备损失险。

车主在购买附加新增加设备损失险时，主要应考虑的因素：车主是否对车辆另外加装或改装过设备及设施，如加装高级音响、防盗设备、全球定位系统（GPS）、加/改真皮或电动座椅、电动升降器等。

7.4 常见险种组合方案

汽车保险的险种较多，保险销售人员可以根据车主的实际情况来指导车主投保哪些险种，并设计出适合车主自身需求的方案。常见险种组合方案有以下5种。

1. 最低保障型方案

最低保障型方案见表7-2。

表7-2 最低保障型方案

项目	内容
险种组合	交强险
保障范围	只能在交强险的责任范围内对第三者的人身伤害和财产损失负责赔偿
适用对象	适用于那些保险意识不是很强，认为自己驾驶技术高超，怀有侥幸心理的个人，以及维修成本低的车辆
优点	保险费最低，同时可以用来上牌照或进行年检
缺点	保障额度不高，一旦撞人或撞车，对方的损失主要由车主自己承担，保险公司只承担少量损失。此外，车主自己车辆的损失只能自己承担

2. 基本保障型方案

基本保障型方案见表 7-3。

表 7-3 基本保障型方案

项目	内容
险种组合	交强险+机动车损失保险
保障范围	在交强险的责任范围内对第三者的人身伤害和财产损失负责赔偿；对由自然灾害和意外事故造成的车辆自身损失负责赔偿
适用对象	适合经济实力不太强或保险费预算不高的车主。这部分车主一般认识到事故后修车费用较高，愿意为自己的车和第三者责任寻求基本保障
优点	保险费适中，能为自己的车和他人的损失提供最基本的保障
缺点	交强险责任限额较低，发生严重事故时需要车主自己承担大部分赔偿

3. 经济保障型方案

经济保障型方案见表 7-4。

表 7-4 经济保障型方案

项目	内容
险种组合	交强险+机动车损失保险+机动车第三者责任险
保障范围	在交通事故中对第三者的人身伤害和财产损失负责赔偿；对由自然灾害和意外事故造成的车辆自身损失负责赔偿
适用对象	适合驾龄低、车辆新、精打细算的车主
优点	投保最有价值的险种，保险性价比最高
缺点	缺少对车主自己车上人员的人身伤害赔偿，不能得到全面保障

4. 最佳保障型方案

最佳保障型方案见表 7-5。

表 7-5 最佳保障型方案

项目	内容
险种组合	交强险+机动车损失保险+机动车第三者责任险+机动车车上人员责任保险+少数附加险险种
保障范围	在交通事故中对第三者的人身伤害和财产损失负责赔偿；对由自然灾害和意外事故造成的车辆自身损失负责赔偿；在交通事故中对车主自己车上人员的人身伤害负责赔偿；以及少数附加险险种对应保险保障范围
适用对象	适合车辆维修成本高，乘坐人员多的中小型企业或经济较宽裕、保障需求比较全面的车主
优点	投保价值大的险种，保障范围较大，价格略高，物有所值
缺点	不是最全面的险种组合，不能得到最全面的保障

5. 全面保障型方案

全面保障型方案见表 7-6。

表 7-6　全面保障型方案

项目	内容
险种组合	交强险+机动车损失保险+机动车第三者责任险+机动车车上人员责任保险+多数附加险险种
保障范围	是最全面的保障，包括在交通事故中对第三者、车、车上人员的人身伤害和财产损失负责赔偿；对由自然灾害和意外事故造成的车辆自身损失负责赔偿；在交通事故中对自己车上人员的人身伤害负责赔偿；以及多数附加险险种对应保险保障范围
适用对象	适合经济充裕的车主
优点	几乎与汽车有关的常见事故损失都能得到赔偿，不用承担投保决策失误的损失
缺点	保险费高，某些险种出险的概率非常小

任务实施

任务准备

（1）防护装备：服装、抹布、灭火器。

（2）工具设备：整车、洽谈桌、投保单、名片、保险公司标签、电话、电脑、车险投保承保软件、打印机。

（3）辅助资料：笔、记录本、卡片、记号笔、翻纸板、参考书。

实施步骤

（1）结合所提供客户信息，进行客户车辆所面临的风险分析。

（2）根据本公司业务经营情况，记录分析客户的用车情况和需求，并设计投保方案。查询并记录和分析的信息包括：

①客户的用车情况。

②客户保险消费需求。

③客户保险方案设计。

（3）根据查询的信息，填写并完成任务报告。

任务报告

任务：汽车保险投保方案设计			
班级		姓名	
组别		组长	

(续表)

1. 接受任务（5分）	得分：
你是一名汽车技术服务与营销专业的二年级学生，现在开始学习"汽车保险与理赔"这门专业课程。需要结合客户车辆实际使用情况和需求，帮助客户的车辆进行风险识别并进行投保方案的设计。请利用教材、参考书及网络资源进行检索并将相关信息总结、记录到报告中	
2. 信息收集（20分）	得分：
（1）结合所提供客户信息，运用风险理论分析客户车辆所面临的风险； （2）根据本公司业务经营情况，记录、分析客户的用车情况和需求，并设计投保方案	
3. 制订计划（15分）	得分：

请根据工作任务制订工作计划及任务分工。

序号	工作内容	工作要点	负责人

4. 计划实施（50分）	得分：

（1）结合所提供客户信息，分析客户车辆所面临的风险分析。（20分）

用车情况	
面临风险	

（2）查询并记录客户汽车保险消费需求。（15分）

本保险公司经营的汽车保险险种	
客户汽车保险消费需求	

（3）结合记录分析情况，设计客户车辆保险方案。（15分）

险种组合方案	

5. 检查评价（10分）	得分：
请根据成员在完成任务中的表现及工作结果进行评价。 自我评价：_____ 小组评价：_____	
任务总成绩：	

实操训练

模块：汽车营销评估与金融保险服务技术（初级）		考核时间：50 分钟	
姓名：	班级：	学号：	考评员签字：
初评：☞合格 　　　☞不合格	复评：☞合格 　　　☞不合格	师评：☞合格 　　　☞不合格	
日期：	日期：	日期：	
考核项目：汽车保险与按揭作业流程 [实操考核报告]			

1. 学员根据任务描述，进行车辆信息记录。

车牌号码		发动机号码		厂牌型号	
车牌底色		机动车种类		使用性质	
车辆用途		核定载客/人		购买价格/元	
已使用年限/年		行驶里程/km		行驶区域	
车主姓名		联系电话		职业	
车架号（VIN）					

2. 根据所提供客户车辆风险特征和保险消费需求，完成投保方案设计。

咨询人姓名		展业单号		制单人	
性别	男◎ 女◎	出生年月		制单日期	
联系电话		购买价格/元		购买日期	
车辆用途		驾驶人		职业	
爱好、习惯		固定停车地点	有◎ 无◎	人身意外保险	有◎ 无◎
咨询人住址					
风险评估					
客户保险消费需求					
险种组合方案					
各个险种的保障范围					

任务 8　汽车保险合同

任务引导

近年来，随着市场经济的快速发展，我国的保险业发展迅猛，也引起人们对机动车保险的更多关注。而机动车保险合同纠纷案件也越来越多，汽车保险事故理赔纠纷也多集中在保险人与投保人或被保险人的责任及责任大小，保险合同是否成立与生效，以及保险人是否承担责任和承担责任多少等问题上。所以，掌握汽车保险合同特点、汽车保险合同订立与履行过程中涉及的原则和问题，对解决有关汽车保险合同的纠纷具有十分重要的理论意义。

任务目标

☞ 知识目标
(1) 了解汽车保险合同的特征及保险凭证和保险合同订立原则。
(2) 能讲述汽车保险投保单的填写方法。
(3) 能描述汽车保险合同生效、变更和解除条件。

☞ 能力目标
(1) 能够向投保人解释投保单的内容并根据投保单的填写规定，指导投保人正确填写投保单。
(2) 能够按照公司的规定完成汽车保险合同的变更及解除业务。
(3) 能够运用汽车保险合同条款内容处理汽车保险理赔纠纷。
(4) 严格执行工作现场"7S"管理。

任务资讯

8.1 汽车保险合同概述

8.1.1 汽车保险合同的特征

汽车保险合同是指投保人以机动车为保险标的，与保险人约定保险权利义务关系的协议。

汽车保险合同除了具有一般合同的特征之外，还有其自身的特征。

1. 汽车保险合同是保障性合同

保障性是汽车保险合同的最基本的特征，也是最本质的特征。从保险汽车的个体上来看，发生保险事故具有偶然性，因此汽车保险合同的保障性是相对的。而对于所有的被保险汽车而言，汽车保险事故的发生和对被保险人的责任赔偿又是不可避免的，这既是被保险人在保险合同中的最根本的权利，也是保险人提供的经济保障，所以汽车保险合同的保障性又是绝对的。

2. 汽车保险合同是最大诚信合同

汽车保险合同是最大诚信合同。诚信是对签订任何协议行为人的基本要求，采取欺诈手段签订的协议无效。相对于一般合同，保险合同对诚信具有更特殊的要求，因此，亦称"绝对诚信合同"。

3. 汽车保险合同的保险利益较大

对于汽车保险，不仅被保险人在使用被保险汽车时拥有保险利益，而且被保险人允许的驾驶人员使用被保险汽车时，也应有保险利益。

4. 汽车保险合同是包含财产保险和责任保险的综合保险合同

汽车保险标的既可以是汽车本身，也可以是当被保险汽车发生保险事故后，被保险人依法应承担的民事赔偿责任，除了涉及投保人、被保险人之外，还有第三者受害人。

5. 汽车保险合同属于不定值保险合同，其保险金额的确定方法不同

在汽车保险合同中，车辆损失的保险金额可以按照投保时保险标的的实际价值确定，也可以由投保人（或被保险人）与保险人协商确定，并将投保金额作为保险补偿的最高限额，属于补偿性合同。机动车第三者责任险将投保人选择的投保限额作为保险责任的最高赔偿限额。而人身保险合同的投保金额，是投保人根据被保险人的身体条件、经济状况等与保险人协商确定的，并以此作为给付的最高限额。因此，汽车保险合同是给付性的保险合同，其保险金额的确定具有不定值的特点。在我国现行的汽车保险条款中，明确规定了汽车保险合同是不定值保险合同。

6. 汽车保险合同确保保险人具有对第三者责任的追偿权

当被保险汽车发生保险责任事故时，尽管被保险汽车的损失是由第三者责任引起的，被保险人还是可以从保险人处取得赔款，但应该将向第三者的追偿权让与保险人，以防被保险人获得双重的经济补偿。而人身保险当因第三者原因而导致保险责任事故时，被保险人在获得保险人的赔偿以后，还可以向第三者请求赔偿。基于人的生命的无价性，被保险人允许获得双重的经济补偿，保险人不存在代位追偿的问题。

8.1.2 汽车保险合同的形式

在汽车保险的具体实务工作中，汽车保险合同主要有以下几种形式：

1. 电子投保单

投保单是投保人向保险人购买保险的书面要约。投保单上载明了保险合同所涉及的主要内容，其经过保险人的核保后就成为保险合同的一个重要组成部分。

2. 保险单

保险单简称"保单"，是保险人和投保人之间订立保险合同的正式书面凭证。它根据

机动车投保人的申请，在保险合同成立之后，由保险人向投保人签发。保险单上列明了保险合同的所有内容，是保险双方当事人确定权利、义务和在发生保险事故遭受经济损失后，被保险人向保险人索赔的重要依据。

3. 批单

批单是更改保险合同某些内容的更改说明书。在机动车保险业务中，往往涉及车辆过户、转让、出售等变更车辆所有权的行为，因而也带来了机动车保险单中的某些要素如被保险人、保险金额、保险期限等内容的变更。这些变更内容需要用某种形式记载下来，或者重新出具保险单。但是在实际业务中，这样的变更行为是非常频繁的，这使重新出具保险单往往成了一项烦琐的工作，由此，批单的出现及广泛使用便成为顺理成章的事情。投保人或被保险人在保险有效期内如果需要对保单内容做部分更改，需向保险人提出申请，保险人如同意更改则将批改的内容在保险单或保险凭证上批注或附贴便条。凡经批改过的内容均以批单为准。批单是保险单中的一个重要组成部分。

4. 书面协议

保险人经与投保人协商同意，可将双方约定的承保内容及彼此的权利义务关系以书面协议的形式明确下来，这种书面协议也是保险合同的一种形式。同正式保险单相比，书面协议的内容不事先拟就，而是根据保险关系双方当事人协商一致的结果来签订，具有较大的灵活性和针对性，是一种不固定格式的保险单，因而它与保险单具有同等法律效力。

8.2 汽车保险合同的订立

8.2.1 汽车保险合同订立的当事人

1. 投保人

（1）投保人的条件。

投保人是指与保险人订立保险合同，并按照保险合同负有支付保险费义务的人。一般为机动车的所有人、管理人和使用人。作为汽车保险合同当事人之一的保险人有权决定是否承保，有权要求投保人履行如实告知义务，有权代位追偿、处理赔偿后损余物资，同时也有按规定及时赔偿的义务。

汽车保险投保人应具备以下基本条件：

①具有缴费能力，愿意承担并能够支付保险费。

②是具有权利能力和行为能力的自然人或法人。反之，不能作为投保人。

③对机动车具有利害关系，存在保险利益。

（2）保险利益。

保险利益是指投保人对保险标的具有的法律上承认的与投保人或被保险人有利害关系的经济利益。财产保险的投保人在投保和索赔时都要有保险利益。汽车保险合同的有效成立必须建立在投保人或被保险人对保险车辆具有保险利益的基础上。

汽车保险的保险利益来源于以下几个方面：

①所有关系。

汽车的所有人对该车具有保险利益，汽车的所有人可以作为投保人或被保险人。

②租赁关系。

汽车的承租人对所租赁的车辆在租赁期内具有保险利益，在租赁期内可以作为投保人或被保险人。

③雇佣关系。

受雇用的人对其使用的车辆具有保险利益，可以作为投保人或被保险人。

④委托关系。

汽车运输人对所承运的车辆具有保险利益，可以作为投保人或被保险人。

⑤借贷关系。

如果汽车作为抵押物或担保物，则债权人对该车具有保险利益，可以作为投保人或被保险人。

（3）投保人投保时需要携带的证件。

投保人购买保险时，需要携带的证件有以下几个：

①驾驶证，且驾驶证必须在有效期内。

②车辆行驶证，且车辆行驶证必须在有效期内。

③续保车辆需带上年度保单正本。

④新保车辆需带齐车辆合格证及购车发票。

⑤投保人的身份证复印件（户口本）。

⑥如果是单位法人，还需要营业执照复印件。

2. 保险人

保险人又称承保人，是指与投保人订立保险合同，并按照合同约定承担赔偿或者给付保险金责任的保险公司。

在我国，保险公司采取股份有限公司和国有独资公司的组织形式。设立保险公司的最低注册资金为人民币2亿元。我国保险公司的业务范围如下：

（1）财产保险业务，包括财产损失保险、责任保险、信用保险等保险业务。

（2）人身保险业务，包括人寿保险、健康保险、意外伤害保险等保险业务。

我国《保险法》规定，保险人不得兼营人身保险业务和财产保险业务。但是经营财产保险业务的保险公司经国家保险监督管理机构批准，可以经营短期健康保险业务和意外伤害保险业务。

8.2.2 汽车保险合同的订立

汽车保险合同是投保人与保险人约定保险权利与义务关系的协议。汽车保险合同的订立应当遵循公平互利、双方自愿、协商一致的原则，不得损害社会公共利益。除法律、行政法规规定必须保险的以外，保险公司和其他单位不得强制他人订立保险合同。

商业保险合同的订立和其他商业合同一样，采取要约与承诺的方式订立。在初次订立保险合同的过程中，通常由投保人提出要约申请，且投保人的要约必须采取书面形式即填写保险投保单。投保人填写投保单是汽车保险合同订立的一个必经程序。保险人在接到投保人的要约申请后，如果赞同，则签发正式的保险合同；如果不完全赞同，而是有修改、部分或者有条件地接受，则不能认为是承诺，而是拒绝原要约，提出新的要约。这时候的要约人是保险人，承诺人则是投保人。由此可见，汽车保险合同的订立有时候要经历一个甚至几个要约和承诺的循环才能够完成。

8.2.3 最大诚信原则

投保人填写投保单是汽车保险合同订立的一个必经程序。投保单也是保险单的一个重要组成部分。我国商业汽车保险合同订立的基础是诚信。由于保险的特殊性，法律对保险合同诚信的要求超过其他民事活动。投保人在投保时如果隐瞒一些有关保险标的且对保险人来说重要的信息，会导致保险人判断失误甚至上当受骗。因此，保险合同也被称为"最大诚信合同"。

最大诚信原则是指保险合同双方在订立或履行保险合同时，对于与保险标的有关的重要事实，应本着最大的诚信态度如实告知，不得有任何隐瞒、虚报、漏报或欺诈，同时恪守合同的认定与承诺，否则保险合同无效。

最大诚信原则中所指的重要事实是指那些足以影响保险人判别风险大小、确定保险费率或影响其决定承保与否及承保条件的每一项事实。

最大诚信原则既是对投保人或被保险人的要求，也是对保险人的要求。最大诚信原则要求投保人在投保时做到告知和保证两个方面。

1. 告知

告知分为狭义的告知和广义的告知。狭义的告知是指合同当事人在订立合同前和订立合同时，互相据实申报与陈述。广义的告知是指合同订立前、订立时和合同有效期内，投保人或被保险人应对已知的或应知的和保险标的有关的重要事实，向保险人做口头的说明或书面的申报。保险实务中所称的告知，一般是指狭义告知。关于保险合同订立后保险标的的危险变更、增加或保险事故发生时的告知，一般称为通知。

告知的形式有询问告知和无限告知，我国采取询问告知的形式。询问告知要求投保人对于保险人询问的问题必须如实告知，对询问以外的问题，投保人没有义务告知。一般操作方法是保险人将需要投保人告知的内容列在投保单上，要求投保人如实填写。

（1）投保人或被保险人告知的内容。

①在订立保险合同时，根据保险人的询问，投保人或被保险人对于已知的与保险标的及其危险有关的重要事实进行如实回答。

②在订立保险合同时，与保险标的有联系的道德风险。

③涉及投保人或被保险人的一些事实。例如，将汽车保险中汽车的价值、品质、风险状况等如实告知保险人；将投保人或被保险人的年龄、性别、健康状况、既往病史、家族遗传史、职业、居住环境、嗜好等如实告知保险人。

④在保险合同履行过程中，被保险人要将保险标的危险增加、标的转让或与保险合同有关的事项变动等情况告知保险人。

⑤被保险人索赔时将保险标的受损情况、重复保险情况等告知保险人。

（2）投保人未履行或者违反告知义务的法律后果。

我国《保险法》规定，投保人未履行或者违反告知义务应承担相应的法律责任。

投保人未履行或者违反告知义务的法律后果见表 8-1。

表 8-1 投保人未履行或者违反告知义务的法律后果

未履行或违反情况	合同	保险费	保险责任
故意未告知	解除	不退	不承担
过失未告知	解除	可以退	不承担
谎称保险事故	解除	不退	不承担
故意制造保险事故	解除	一般不退	不承担
虚报保险事故	不解除	不退	虚报部分不承担

（3）保险人告知的内容。

保险人的告知一般采取明确说明的形式，保险人必须履行的说明义务见表 8-2。

表 8-2 保险人必须履行的说明义务

说明的主要内容	适用的险种
条款	交强险、商业险
费率浮动	交强险、商业险
免责事项说明书	商业险
核对保单信息	商业险
投保提示书	交强险
医疗费用审核标准	交强险
不能重复投保	交强险
张贴或携带保险标志	交强险
缴纳车船税	交强险

保险人履行说明义务的方式如下：

①在公司官方网站、微信公众号、手机移动端应用程序的显著位置设置条款、免责事项说明书的链接，并在营业场所提供书面材料，供投保人阅读、使用。

②客户投保时，通过口头告知、书面提示等方式履行说明义务，并由投保人通过签订投保单及《免责事项说明书》的形式进行明确。

③通过网络或其他电子形式承保的车险业务的，应确认投保人身份，通过网页向投保

人展示《免责事项说明书》电子版内容,经投保人阅读并选择"保险人已明确说明条款内容、免除保险人责任条款的含义及其法律后果"后,方可进入保险合同订立后续流程。

保险人应提醒投保人履行如实告知义务内容见表8-3。

表8-3 保险人应提醒投保人履行如实告知义务内容

序号	提示投保人履行如实告知义务的内容
1	提示投保人阅读条款,尤其是责任免除、免赔额、免赔率等
2	提示投保人签署免责事项说明书中的投保人声明页
3	提供投保资料(行驶本、身份证、购车发票、车辆合格证等)
4	提供准确的投保信息(关系人信息、车辆信息、承保险别等)
5	提示投保人不履行如实告知义务可能导致的法律后果
6	投保人解除合同时应交还相关单证(保单正本、保险标志等)

保险人履行说明义务的主要凭证如图8-1所示。

投保人声明:
　　保险人已通过上述书面形式向本人详细介绍并提供了投保险种所适用的条款,并对其中免除保险人责任的条款(包括责任免除条款、免赔额、免赔率等免除或者减轻保险人责任的条款),以及本保险合同中付费约定和特别约定的内容向本人做了书面明确说明。本人已充分理解并接受上述内容,同意以此作为订立保险合同的依据,本人自愿投保上述险种。
　　尊敬的客户,为了充分保障您的权益,请将以下黑体字内容,在方格内进行书写,以表明您已了解投保内容,并自愿投保:
　　本人确认收到条款及机动车商业保险免责事项说明书。保险人已明确说明免除保险人责任条款的内容及法律后果。
　　□□□□□□□□□□□□□□□□□□□□□□□□□□□□
　　□□□□□□□□□□□□□□□□□□□□□□□

图8-1 保险人履行说明义务的主要凭证

2. 保证

保证是最大诚信原则中的一项重要内容。所谓保证,是指保险人要求投保人或被保险人针对做或不做某事,或者使某种事态存在或不存在做出承诺。保证是保险人签发保险单或承担保险责任时要求投保人或被保险人履行某种义务的条件,其目的在于控制风险,确保保险标的及其周围环境处于良好的状态中。由此可见,最大诚信原则中的保证是对投保人或被保险人的要求。

(1)保证的形式及内容。

保证的形式可分为明示保证和默示保证。默示保证的内容不载明于保险合同之上,一般是国际惯例所通行的准则,是习惯上或社会公认的被保险人应在保险实践中遵守的规则。明示保证是指以文字、语言或其他书面的形式载明于保险合同中,成为保险合同的条款。例如，我国《机动车保险条款》规定，被保险人必须对被保险机动车妥善保管、使用、维护，使之处于正常技术状态。我国汽车保险合同中对被保险人义务的要求条款就属于明示保证。

默示保证与明示保证具有同等的法律效力，投保人或被保险人必须严格遵守。

（2）投保人违反保证的后果。

投保人违反保证的后果一般有两种，一是保险人不承担或部分承担赔偿或给付保险金的责任；二是保险人解除保险合同。与告知不同，保证是投保人对某个特定事项的作为与不作为的保证，不是对整个保险合同的保证。因此，违反保证条件只是部分地损害了保险人的利益，保险人只应就投保人违反保证部分解除保险责任，拒绝承担保险责任，但不能就此解除保险合同。

3. 弃权与禁止抗辩

弃权是指保险人放弃其在保险合同中可以主张的某种权利。禁止抗辩是指保险人已放弃某种权利，日后不得再向被保险人主张这种权利。在实践中，弃权与禁止抗辩一般用于约束保险人。弃权与禁止抗辩在约束保险人的同时也维护了被保险人的利益，有利于保险双方权利义务关系的平衡。

8.2.4 投保资料

1. 过户车辆

投保机动车损失保险的车辆需提供车辆登记证书，投保其余险种的不需要提供。

2. 异地车辆

对于车辆号牌及行驶证车主为省外的业务，需提供客户本地身份证原件及含有本地标志性建筑（含当天验车码）的验车照片。

3. 新、转保业务

需提供投保单（电子或纸质）、被保险人身份证或组织机构代码证、行驶证或新车购置发票（合格证或机动车登记证书任一）、验车照片，完税车辆需提供税务机关出具的证明及特殊情形承保要求的相关投保手续。

4. 续保业务

如上一年提供的投保手续完整、险种未发生变更，续保时只需提供行驶证。未及时续保的脱保车辆需提供验车照片。

8.2.5 汽车保险投保单的填写与录入

1. 投保信息填写的规范要求

（1）对于在原承保公司续保的业务，车辆信息以及投保人、被保险人、行驶证车主信息均未发生变更的，投保单可以载明上一年保单信息；信息发生变化的，仅需提供更新后的相关信息。

（2）对于新车或从其他承保公司转保过来的业务，投保单至少应当载明以下信息：

①车辆的相关信息。车牌号码（临时移动证编码或临时号牌）、车辆种类、使用性质、

发动机号、车架号、厂牌型号、排量、功率、初登日期、核定载客人数或核定载质量。

②投保人、被保险人及行驶证车主的相关信息。自然人所需信息包括姓名、性别、年龄、住所、身份证或其他有效证件号码等；法人所需信息包括名称、联系电话、地址、统一社会信用代码或其他有效证件号码等。如客户委托经办人办理的，需要留存委托书、经办人身份信息及联系方式等相关信息。

2. 投保信息录入的规范要求

保险人应根据投保人提供的信息准确、完整地在系统中录入投保单各项信息，或由投保人按规范要求自助录入。

（1）车辆信息的规范录入。

车牌号码、发动机号、车辆识别代码、厂牌型号、初登日期、车辆使用性质、整备质量等车辆信息需按行驶证/车辆合格证据实录入，录入时一律不允许添加点、杠、斜杠或其他任何符号（交通管理部门对行驶证有其他特殊要求的除外），不得通过套用车型提高或降低保险费。

投保时尚未上牌的车辆，若当地交通管理部门对车牌号码的录入规则有特殊要求的，可按交通管理部门的要求进行录入。核发正式号牌后投保人应通知保险人办理批改手续。

（2）保险期间的规范录入。

保险期间通常为1年，投保人可与保险人约定保险期间的起止时间，但起保时间必须在保险人接受投保人的投保申请且确认全额保险费入账时间之后。除监管允许的特殊情况外，严禁倒签单。

（3）承保险种的规范录入。

保险人严格按照投保人勾选的险种录入险种信息，包括保额、责任限额等。在投保主险的基础上方可投保主险的附加险。

对于附加绝对免赔率特约条款、附加医保外医疗费用责任险、附加精神损害抚慰金责任险等可以对应多个主险的附加险种，应当在保单上载明此类附加险对应的具体主险以及绝对免赔率或赔偿限额。

（4）特别约定的规范录入。

特别约定是对保单中未详尽事项的明确和补充，法律效力优于条款内容，保险人在增加特别约定时应遵守合法合规的原则，约定内容不得与条款相悖，不得损害投保人及被保险人的合法权益，不得缩小或扩大保险责任，不得赠送险种。

根据《保险法》第18条规定，受益人是指人身保险合同中的由被保险人或者投保人指定的享有保险金请求权的人。"受益人"只存在于人身保险合同中。为保护消费者权益，强化业务合规经营，根据近年来司法判决案例和监管部门行政处罚情况，各保险公司要避免在车险保单中添加关于"第一受益人"类特别约定。

8.2.6 投保人在保险公司承保前变更投保单的处理

投保人在保险公司同意承保前要求变更投保要约的（不得变更投保人、被保险人。如

果变更投保人或被保险人的,需要做撤单处理,而且退单退费,重新进单),根据情况分别做如下处理:

(1) 如变更投保险种、保险金额,需重填投保单,同时在新填投保单上注明原投保单号。

(2) 其他情况,投保人填写《保险要约内容补充更正申请书》,并签名确认,涉及被保险人权益的(受益人的指定)需要被保险人签名确认。

8.3 汽车保险合同的生效、变更、解除

8.3.1 汽车保险合同的生效

1. 汽车保险合同生效条件

保险合同是否生效,取决于合同是否符合法律规定的签订合同的要件,具体包括保险合同的主体资格、合同内容的合法性、当事人意思表示真实以及合同双方约定的其他生效条件等。

(1) 主体资格。

汽车保险合同的主体主要是保险合同的当事人即投保人、被保险人或保险人。

(2) 合同内容合法。

保险合同条款必须符合法律规定,这是保险合同生效的基本条件。首先,作为保险标的的汽车必须是合法的,不能是非法所得。其次,保险金额必须合法。汽车保险的保险金额不能超过汽车本身价值,超过部分无效。

(3) 保险人与投保人的意思表示一致。

汽车保险合同的订立必须建立在当事人自愿的基础之上,且双方如实履行了告知义务。

(4) 汽车保险合同生效的其他条件。

如果汽车保险合同是附条件生效,则汽车保险合同只有在该条件满足后才生效。

2. 汽车保险合同生效的时间

汽车保险合同生效时间是保险人开始履行保险责任的时间。我国的汽车保险合同的保险期间为1年。我国《保险法》规定,保险合同成立后,投保人按照约定交付保险费,保险人按照约定的时间开始承担保险责任。缴纳保险费是投保人的义务。虽然投保人办理了保险手续,但是如果我国投保人没有按照约定如数缴纳保险费,汽车保险合同也没有法律效力,即使被保险人发生了事故,保险人也有理由拒绝承担赔偿责任。

我国汽车商业保险合同的具体生效时间是从××××年×月×日凌晨0时起至次年×月×日的24时止。如保单有效期限是从2023年5月2日00:00起至2024年5月1日24:00止。投保人也可与保险人约定起止时间,但需在全额保险费入账时间之后。交通事故责任强制保险合同即时生效。

8.3.2 汽车保险合同的变更

1. 汽车保险合同变更的概念

汽车保险合同的变更是在原定保险合同有效期内,合同内容发生变化而经保险人同意

签发批改单，变更合同内容的行为。

汽车保险合同一般是 1 年期的合同，在保险合同的有效期内，投保人、被保险人或车辆的情况难免发生一些变化，因而投保人或被保险人有变更保险合同的要求。我国《保险法》规定，投保人和保险人可以协商变更保险合同内容。变更保险合同的，应当由保险人在保险单或者其他保险凭证上批注或者附贴批单，或者由投保人与保险人订立变更的书面协议。

2. 汽车保险合同变更的形式

汽车保险合同的变更必须采用书面的形式，由合同双方协商一致。可以采用保险人事先准备好的附加条款，或者由保险人在原保险单上批注或者附贴批单，也可以由投保人和保险人双方就保险合同的变更问题签订专门的书面协议书。

发生以下变更事项时，保险人应对保险单进行批改：

（1）车辆行驶证车主或使用性质变更。

（2）车辆及人员基本信息变更。

（3）车辆承保险种变更。

（4）变更其他事项。

保险合同经过变更后，变更部分的内容取代了原合同中被变更的内容，与原合同中未变更的内容构成了一个新的完整合同。合同双方当事人按照变更后的合同履行各自的权利和义务。

3. 汽车保险合同的变更情况

（1）汽车保险合同主体的变更。

汽车保险合同主体的变更包括保险人的变更和被保险人的变更。当保险人发生破产倒闭、分立或合并时，被保险人可以要求变更保险人。在合同有效期内，被保险汽车发生转卖或赠送时，该车保险合同是否有效取决于被保险人申请批改的情况，如果被保险人提出申请批改，而保险人经过审核，签发批单，则原汽车保险合同继续有效；如果被保险人没有申请批改，则原汽车保险合同失效。

（2）汽车保险合同内容的变更。

汽车保险合同的变更除了主体的变更情况外，更多的情况是汽车保险合同内容的变更，主要包括以下事项：

①保险金额的变更，如保险金额的增加或减少。

②险种的变更，如增加投保某种附加险等。

③保险车辆使用性质的变更，被保险车辆危险程度的增加或减少。

④保险期限的变更。

⑤车辆种类或厂牌型号变更。

（3）汽车保险合同变更的流程。

汽车保险合同上面应载明："在保险期间内，如果被保险人要变更汽车保险合同的相关内容，则被保险人应当事先书面通知保险人并办理申请批改手续，否则，本保险合同无效。"汽车保险合同变更采取书面的形式。

8.3.3 汽车保险合同的解除

1. 汽车保险合同的解除

汽车保险合同的解除是保险合同的双方当事人经商定同意消灭既存的保险合同效力的法律行为，或保险合同当事人一方根据法律或合同中的约定行使解除权而采取的单独行为。

（1）交强险合同解除的情况。

在下列几种情况下，投保人可以要求解除交强险合同：

①被保险机动车被依法注销登记的。

②被保险机动车办理停驶的。

③被保险机动车经公安机关证实丢失的。

④投保人重复投保交强险的。

⑤车辆被转卖、转让、赠送至车籍所在地以外的地方。

⑥新车因质量问题被销售商收回或因技术参数不符合国家规定导致交通管理部门不予上户的。

在交强险合同解除后，投保人应当及时将保险单、保险标志交还保险人；无法交回保险标志的，应当向保险人说明情况，征得保险人同意。

当发生《机动车交通事故责任强制保险条例》所列明的投保人、保险人解除交强险合同的情况时，保险人按照日费率收取自保险责任开始之日起至合同解除之日止期间的保险费。

（2）商业汽车保险合同解除的情况。

投保人或被保险人可以在保险责任开始前和保险责任开始后提出提前解除合同。

①基本规定

a. 当保险合同成立后，投保人可以提交书面申请，解除合同；

b. 当保险责任开始前，投保人申请解除保险合同，按照条款规定向投保人收取3%的退保手续费；

c. 当保险责任开始后，投保人申请解除保险合同，按照原保单条款对应费率的日费率计算短期保险费，退还未了责任期间的保险费；

d. 当保单退保时，需提供批改申请书、保单正本、投保人身份证明，根据《保险法》相关规定，领款人必须与投保人一致。

②投保人解除保险合同的条件。

在保险实务中，投保人可就以下原因提出解除保险合同：

a. 保险标的灭失；

b. 保险合同中约定的保险事故肯定不会发生；

c. 保险标的的价值减少；

d. 保险标的危险程度明显减少甚至消失。

我国《保险法》规定，投保人解除保险合同的，合同效力自解除之日起失效。

投保人未履行如实告知义务，保险人在行使解除合同的权利前，应该书面通知投保人。投保人自收到通知起5日内履行告知义务，保险人不得解除合同。保险合同成立后，投保人可以提交书面申请，解除合同。保险公司可按照条款规定向投保人收取3%的退保手续费后办理退保手续。

③保险人解除保险合同的条件。

我国《保险法》规定，除本法另有规定或者保险合同另有约定外，保险合同成立后，保险人不得解除保险合同。由此可见，与投保人相比，法律对保险人行使合同解除的限制相对多一些，并对保险人解除保险合同应具备的法定条件做出了规定。我国商业险保险合同除了合同中另有约定外，保险人可以依据以下法定条件行使合同的解除权：

a. 在保险合同的有效期内，被保险人以欺诈等非法手段故意制造保险事故骗取保险赔款时，保险人可以解除合同；

b. 投保人故意隐瞒事实，不履行如实告知义务的，保险人对于保险合同解除前发生的保险事故，不承担赔偿责任，但要退还被保险人所缴纳的保险费。

保险人的合同解除权超过30日不行使，该权利自动消灭。保险人解除合同的，保险人应收回保险单；无法提供保险单的，需投保人签字确认。

2. 汽车保险合同的终止

汽车保险合同的终止，即汽车保险合同双方权利义务的灭失。汽车保险合同的终止有以下几种情况：

（1）自然终止。

自然终止即汽车保险合同的期限届满，保险人承担的责任终止。自然终止是保险合同终止最普遍、最基本的原因。

（2）解除终止。

因解除而终止的合同，从解除合同的书面通知送达对方当事人时开始无效。

（3）义务履行终止。

当保险人的赔偿金额达到保险金额时，保险人的保险责任终止，保险合同终止。

（4）协议终止。

汽车保险合同有效期内，合同双方当事人协商一致后提前终止合同。当车辆所有权发生改变后，被保险人可以提出中途终止保险合同。

8.3.4 保险合同的争议处理

汽车保险合同争议是指在保险合同成立后，合同主体就保险合同内容及履行时的执行约定具体做法等方面产生不一致，甚至相反的理解而导致的意见分歧或纠纷。

（1）因履行保险合同发生争议的，由当事人协商或调解解决合同争议。协商、调解不成的,提交保险单载明的仲裁委员会仲裁。保险单未载明仲裁机构或者争议发生后未达成仲裁协议的,可向中华人民共和国人民法院起诉。

(2) 保险合同争议处理适用中华人民共和国法律。

📝 任务实施

☞ 任务准备

(1) 防护装备:服装、抹布、灭火器。

(2) 工具设备:整车、洽谈桌、投保单、名片、保险公司标签、行驶证、身份证、电话、电脑、车险投保承保软件、打印机。

(3) 辅助资料:笔、记录本、卡片、记号笔、翻纸板、参考书。

☞ 实施步骤

(1) 结合所提供客户信息和用车情况,进行客户车辆保险险种的选择和保险费计算。

(2) 上网查询机动车保险投保单的填写方法,并记录、分析。

利用搜索引擎,搜索"保单填写、规范"等关键词,查询并记录和分析的信息包括:

①投保单填写规范。

②投保单录入规范。

(3) 根据查询的信息,填写并完成投保单。

📖 任务报告

任务:机动车保险投保单的填写			
班级		姓名	
组别		组长	
1. 接受任务(5分)			得分:
你是一名汽车技术服务与营销专业的二年级学生,现在开始学习"汽车保险与理赔"这门专业课程。需要结合客户信息,指导客户进行投保单的填写及投保单的系统录入。请利用教材、参考书及网络资源进行检索并将相关信息总结、记录到报告中			
2. 信息收集(20分)			得分:
(1) 结合所提供客户信息和用车情况,进行客户车辆保险险种的选择和保险费计算; (2) 上网查询投保单的填写规范,并进行投保单的填写及投保单的系统录入			
3. 制订计划(15分)			得分:
请根据工作任务制订工作计划及任务分工。			
序号	工作内容	工作要点	负责人

(续表)

4. 计划实施（50 分）		得分：	
根据汽车保险合同理论内容学习，完成汽车保险合同原则在保险案例中的应用分析。			
适用的保险合同内容			
案例分析			

5. 检查评价（10 分）	得分：
请根据成员在完成任务中的表现及工作结果进行评价。 自我评价：_____ 小组评价：_____	
任务总成绩：	

实操训练

模块：汽车营销评估与金融保险服务技术（初级）				考核时间：50 分钟	
姓名：		班级：		学号：	考评员签字：
初评：☞合格 　　　☞不合格		复评：☞合格 　　　☞不合格		师评：☞合格 　　　☞不合格	
日期：		日期：		日期：	
考核项目：汽车保险与按揭作业流程 ［实操考核报告］					

1. 学员根据任务描述，进行车辆信息记录。

车牌号码		发动机号码		厂牌型号	
车牌底色		机动车种类		使用性质	
车辆用途		核定载客/人		行驶里程/km	
车主姓名		联系电话		职业	
车架号（VIN）					

2. 使用车险投保承保软件，完成所指定车辆电子投保单填写。

制单人		制单时间		单号	
车牌号码		车架号 （新车未上牌）		发动机号	

（续表）

号牌类型	大型汽车号牌◎ 挂车号牌◎ 小型汽车号牌◎ 新能源车号牌◎ 其他◎			
车辆注册日期		品牌型号	能源类型	燃油◎ 新能源◎
使用性质	家庭自用◎ 非营业用（不含家庭自用）◎ 预约出租客运◎ 旅游客运◎ 出租/租赁◎ 城市公交◎ 公路客运◎ 营业性货运◎			
车辆种类	6座以下客车◎ 6座及以上客车◎ 6～10座客车◎ 10～20座客车◎ 20～36座客车◎ 36座以上客车◎ 2吨以下货车◎ 2～5吨货车◎ 5～10吨货车◎ 10吨以上货车◎ 其他◎			
车主姓名		车主证件类型	身份证◎ 护照◎ 港澳通行证◎ 军人证件◎ 其他◎	
证件号码				
车主性质	个人◎ 机关◎ 企业◎		车主电话	
新车标识	不指定◎ 非新车◎ 新车◎		"新转续"标识	
多年车贷投保标识	不指定◎ 否◎ 是◎		争议解决方式	诉讼◎ 仲裁◎
行驶区域	境内◎ 省内◎ 出入境◎ 场内◎ 固定路线◎			
交强险	投保◎ 不投保◎	保额/元	保险费/元	
保险期间				
交强险保险费计算方案		费率浮动	车船税/元	
商业险	投保◎ 不投保◎	保险期间		
机动车 损失险保额/元		保险费/元	车损绝对免赔额、免赔率/%	
第三者 责任险保额/元		保险费/元	三者绝对 免赔率/%	
车上司机 责任险保额/元		保险费/元	车责司机绝 对免赔率/%	
车上乘客 责任险保额/元		保险费/元	车责乘客绝 对免赔率/%	
车身划痕 损失险保额/元		保险费/元	法定节假日限 额翻倍险	
保险费合计金额/元				
上传汽车图片				
上传证件照片				

任务 9 核保出单

任务引导

当客户提交了投保申请之后，保险人要对客户的投保申请进行审核，决定是否接受承保这一风险。那么你知道保险公司是如何进行核保的吗？又是如何缮制保险单证的呢？

任务目标

☞ 知识目标
（1）了解车险核保的业务流程。
（2）能描述核保的工作内容。
（3）能描述缮制保险单证的工作内容。

☞ 能力目标
（1）能够完成验车和验证工作。
（2）能够熟练运用车险投保承保软件进行客户车险承保。
（3）严格执行工作现场"7S"管理。

任务资讯

9.1 核保业务

核保是指保险人对投保人的保险申请进行审核，就保险标的的各种风险情况进行审核和评估，以确定是否接受投保人的投保申请，与之签订保险合同的过程。

核保是汽车保险承保的重要环节之一，其本质是对可保风险的判断与选择，是承保条件与风险状况适应或匹配的过程。在本任务中，通过对核保相关知识的学习，应学会对已经掌握的资料进行整理和分析，判断是否承保、使用的承保条件及保险费率等，同时应学会简单的核保工作。

9.1.1 核保管理工作的要求

核保有利于合理分散风险，是达成公正费率的有效手段；还有利于促进被保险人防灾防损，减少实质性损失。因此，要加强核保管理工作。核保管理工作有以下几个方面：

（1）严格执行车险条款和费率。
（2）严格管控手续费。

(3) 严格应收保险费管理。
(4) 规范代码协议和单证管理。
(5) 核保业务技能训练。
(6) 明确核保权限。

9.1.2 核保的基本政策

保险公司根据本公司的业务经营管理情况、费用率指标、利润率指标制定具体的核保政策。保险公司根据客户群的特点将其业务分为提倡承保业务、控制承保业务、高风险承保业务和禁止承保业务4种类型，并针对每一类业务采取不同的政策。

1. 提倡承保业务

提倡承保业务是公司针对效益险种和优质客户群的业务。

对此类业务所采取的政策是：

(1) 鼓励承保党政机关、事业单位、大中型企业非营业车辆。
(2) 鼓励承保新车购置价在40万元以上、6座以下客车。
(3) 鼓励承保除不计免赔险和车上货物责任险之外的效益性附加险。
(4) 鼓励发展非营业性质摩托车业务以及承保达一定规模的单程提车险业务。
(5) 鼓励对高风险车种和低品质业务推行车辆损失险绝对免赔额或绝对免赔率的承保方式。

2. 控制承保业务

控制承保业务主要是灰名单业务，原则上这些业务的赔付率达到了公司规定的警戒水平，故将此类业务列入针对高赔付险种和高赔付率的客户群的业务。

对此类业务所采取的政策是：

(1) 控制不计免赔率特约条款。引导或鼓励本类客户投保免赔额特约条款，不得承保不计免赔率特约条款。
(2) 鼓励对车辆损失险按比例承保，老旧车辆不得承保全车盗抢险、自燃损失险。
(3) 控制新车和营业性质车辆承保规模。新车承保的比重控制在25%以内，营业性质车辆承保的比重在20%以内。

3. 高风险承保业务

高风险承保业务是指投保车辆的风险比较集中、保险金额较大，出险后可能造成重大损失的业务。

对此类业务所采取的政策是：

(1) 认真分析此类业务较集中的风险点，制订相应的承保方案。推荐使用车辆损失险绝对免赔额、事故责任免赔率，以及针对风险点制定专门的免责特别约定。
(2) 对于确实无法化解的风险，可以考虑有选择地承保其可控风险。

4. 禁止承保业务

禁止承保业务主要是针对列入保险公司黑名单和近年严重亏损的客户群体的业务。某些管理不善的客户群体（如某些合资的巴士公司、出租车公司、企业等）被列入保险黑名单。严重亏损客户是指某些连续2年或3年已决与未决赔付率之和大于85%的客户。

保险公司对此类业务所采取的政策是不予承保。

9.1.3 核保的内容

核保工作原则上采取两级核保体制，先由展业人员、保险代理人等一线业务人员对投保单进行初步核保，再由保险公司专业核保人员复核决定是否承保、承保条件及保险费率的适用等。核保工作主要包括以下内容：

1. 审核投保单

（1）投保人资格。

审核投保人资格的核心是认定投保人对保险标的是否拥有保险利益，在汽车保险业务中主要是通过核对投保人行驶证来完成的。

（2）投保人或被保险人的基本情况。

对于车队业务，保险公司要通过了解企业的性质、是否设有安保部门、经营方式、运行主要线路等，分析投保人或被保险人对车辆的管理情况，及时发现可能存在的经营风险，采取必要的措施来降低和控制风险。

（3）投保人或被保险人的信誉。

对投保人和被保险人的信誉进行调查和评估，是核保工作的重点之一。

（4）保险标的。

对保险车辆应尽可能采用"验车承保"的方式，即对车辆进行实际的检验，包括了解车辆的使用和管理情况，复印行驶证、购置车辆的完税费凭证，拓印发动机与车号码。对于一些高档车辆还应当建立车辆档案。

（5）保险金额。

根据公司制定的汽车市场指导价格确定保险金额，避免出现超额保险和不足额保险。

（6）保险费审核。

保险费的审核主要为费率适用的审核和计算的审核。

（7）附加条款。

主险和标准条款提供的是适应汽车风险共性的保障，附加条款适用于汽车风险的个性保障。因此在对附加条款的适用问题上要注意对风险的特别评估和分析，谨慎接受和制定条件。

2. 查验有关证件

验证的具体内容如下：

（1）查验机动车行驶证、车辆登记书、有效移动证（临时号牌）是否真实、有效，是否经公安机关交通车辆管理部门办理年检。

（2）核实投保车辆的合法性，各种证件是否与投保标的和投保单内容相符，投保人对投保车辆是否具有可保利益；确定其使用性质和初次登记日期、已使用年限。

（3）如果是约定驾驶人员的情况，应检验约定驾驶人员的机动车驾驶证，并对照投保单核实约定驾驶人员信息。

3. 查验车辆

根据投保单、投保单附表和车辆行驶证，对投保车辆进行实际的查验。

（1）检查车辆有无受损，是否有消防设备等。

（2）车辆本身的实际牌照号码、车型及发动机号、车身颜色、车架号（VIN）等是否与机动车行驶证记录一致。

（3）检查发动机、车身、底盘、电气等部分的技术情况是否符合《机动车安全运行技术条件》的要求。

（4）投保含盗抢险的机动车必须拓印车架和发动机号码，并拍照留底。将拓印的号码附贴在投保单正面，将照片冲洗后贴在投保单背面，并查验是否装备防盗设备。

（5）对车辆前、后、左、右45°位置及车辆车架号拍照。

必须重点检验车辆和免检车辆的条件见表9-1。

表9-1 必须重点查验车辆和免检车辆的条件

必须重点查验车辆	免检车辆
第一次投保机动车损失保险及其附加险的机动车	未脱保、保险起期与上一年保单到期时间自然衔接且续保相同险别的按期续保车辆
未按期续保的机动车	保项与上一年相同，可提供上一年未到期的保单原件或系统提示平台有信息截图（异地车辆除外）的转保业务车辆
投保责任险后加车损险车辆	汽车销售商经营所属品牌且购车发票日期小于或等于起保日期7天的新车
申请增加附加险车辆	非异地车辆单保交强险或非即时生效仅仅投保责任险类的车辆
接近报废车辆	—
严格管控车辆	—
重大事故后修复车辆	—

4. 核定保险费率

根据投保单上所列的车辆情况和保险公司的机动车保险费率表，逐项确定投保车辆的保险费率。

5. 计算保险费用

在确定车辆保险费率的基础上，保险公司业务人员根据投保人所选择的保险金额和赔款限额计算保险费。

6. 分级核保

（1）一级核保的内容。

保险公司一级核保的内容如下：

①根据掌握的情况，考虑能否承保。

②已接受的投保单中涉及的险种、保险金额、赔偿限额是否需要限制和调整。

③已接受的投保是否需要增加特别的约定。
④已接受的投保单是否符合保险监管部门的有关规定。
⑤对于上报核保的车辆是否单独做出业务经营分析。

（2）二级核保的内容

保险公司二级核保的内容如下：

①审核保险单是否按照规定内容与要求填写，有无疏漏。
②审核保险价值与保险金额是否合理、适用的费率标准和计收保险费是否正确。
③审核业务人员或代理人是否对投保车辆进行了验车、验证，是否按照《保险法》的要求向投保人履行告知义务。对特别约定的事项是否在特约栏内注明。
④对于较高保额投盗抢险的车辆，审核投保单填写内容与事实是否一致，是否按照规定拓印拍照存档。
⑤对高发事故和风险集中的投保单位，是否提出限制性的承保条件。
⑥费率表中没有列明的车辆，是否提出了费率厘定的意见。
⑦审核其他相关情况。

9.1.4 核保方式

根据不同的分类标准，通常将核保方式分为标准业务核保和非标准业务核保、事先核保和事后核保以及集中核保和远程核保等。各保险公司根据自身的组织结构和经营情况选择和确定核保方式，在确定核保方式时并不是拘泥于一种方式，而是结合投保业务的特点将多种核保方式交叉使用。

1. 标准业务核保和非标准业务核保

标准业务是指常规风险的汽车保险业务，这类风险基本符合汽车常规风险情况，可以按照核保手册有关规定对其进行核保。通常是由二级核保人完成标准业务的核保工作。

非标准业务是指风险具有较大特殊性的业务。这种特殊性主要指高风险、风险情况比较复杂、保险金额巨大。非标准业务主要有保险价值浮动超过核保手册规定的范围的业务；特殊车型业务；统保协议和代理协议业务；等等。对这类业务的风险需要进行有效控制，但是核保手册对这类业务没有明确的规定，因此无法完全依据核保手册进行核保，应由二级或者一级核保人进行核保，必要时核保人应当向上级核保部门请示。

2. 事先核保和事后核保

事先核保是指在投保人提出申请后，核保人员应先对标的风险进行评估和分析，再决定是否接受承保。在决定接受承保的基础上，保险人根据投保人的具体要求及保险标的的特点确定保险方案，包括确定适用的条款、附加条款、费率、保险金额、免赔额等承保条件。这种核保方式主要针对标的金额较大、风险较高、承保业务技术比较复杂的业务。

事后核保主要针对标的金额较小、风险较低、承保业务技术比较简单的业务。保险公司从人力和经济的角度难以做到事先核保的，可以采用事后核保的方式。所以，事后核保是对事先核保的一种补救措施。

3. 集中核保和远程核保

从核保制度发展的过程分析，集中核保的模式代表了核保技术发展的趋势。集中核保可以有效地解决统一标准和规范业务的问题，最大限度地实现对技术和经验的利用。集中核保在实际工作中遇到的困难是经营网点分散，缺乏便捷和高效的沟通渠道。

远程核保就是建立区域性的核保中心，利用互联网等现代通信技术，对辖区内的所有业务进行集中核保。这种核保的方式不仅可以利用核保中心的人员、技术的优势，还可以利用核保中心庞大的数据库，实现资源的共享，这有利于对经营过程中的管理疏忽，甚至可对道德风险实现有效的防范。

9.1.5 核保依据

核保手册，即核保指南，是核保工作的主要依据。核保手册是将保险公司对于机动车保险核保工作的原则、方针和政策，对汽车保险业务中可能涉及的条款、费率及相关规定，核保工作中的程序和权限规定，可能遇到的各种问题及处理方法，用书面文件的形式予以明确。

利用核保手册，核保人员能够按照统一标准和程序进行核保，可以实现核保工作的标准化、规范化和程序化。

9.2 缮制和签发保险单证

保险单或保险凭证是订立保险合同、载明保险合同双方当事人权利和义务的书面凭证，是被保险人向保险人索赔的主要依据。因此，缮制保险单证工作质量的优劣，往往直接影响机动车保险合同的履行。保险人员应能够准确地缮制保险单证，按照规范的操作程序完成签发保险单证的工作。单证构成见表 9-2。

表 9-2 单证构成

单证类型	险种
投保单	交强险、商业险
保单	交强险、商业险
保险费发票	交强险、商业险
保险标志	交强险
免责事项说明书	商业险
投保提示书	交强险
浮动费率告知单	交强险

1. 交强险单证

交强险单证是投保人与保险公司签订的，证明强制保险合同关系存在的法定证明文件，由保监会监制，全国统一式样。交强险单证分为交强险保险单、定额保险单和批单 3 种。除摩托车和农用拖拉机使用定额保险单外，其他投保车辆必须使用交强险保险单。交强险保险单、定额保险单均由正本和副本组成。正本由投保人或被保险人留存；副本包括业务留存联、财务留存联和公安机关交通管理部门留存联。

交强险标志是根据法律、法规规定，由保险公司向投保人核发、证明其已经投保的标志，全国统一式样，如图9-1所示。

图9-1 交强险标志

目前，国内部分省市已试行电子保单政策。电子保单就是保险公司向车险消费者签发的以数据电文形式存在的证明车险合同关系的电子文件。电子保单与纸质保单、标志具备同等效力。在开展试点的区域内，车主无须在挡风玻璃上贴交强险的标志，但其他地区依旧需要按照规定张贴交强险标志。依据规定，如果当地没有实行电子保单政策，而车主又没按规定张贴交强险标志的，交警部门有权扣留机动车，直到车主提供相应的牌证、标志或者补办相应手续，并可以处警告或者20元以上200以下罚款，并记1分。

交强险单证及适用范围见表9-3。

表9-3 交强险单证及适用范围

单证名称	单证分类	适用范围
保险单	机动车交强险保单	机动车
定额保险单	摩托车定额保单	摩托车（兼有投保单性质）
	拖拉机定额保单	拖拉机（兼有投保单性质）
保险标志	内置式	具有前挡风玻璃的车辆
	便携式	不具有前挡风玻璃的车辆
批改申请书	批改申请书	已签发的各类交强险保单进行批改时使用
批单	交强险批单	

2. 商业保险单证

保险单是被保险人向保险人索赔保险事故损失的法律凭证，被保险人应妥善保存。商业险保险单由正本和副本组成。正本由投保人或被保险人留存；副本应包括业务留存联、财务留存联。所以，商业险保险单与交强险保险单相比，缺少公安机关交通管理部门留存联，其余相同。

定额保单是指事先确定保额的一种保险单。定额保单使用方便，尤其是在通过代理渠道承保业务时，其具有更明显的优势。

保险证（卡）通常是在车主购买商业保险单后，由保险公司签发给被保险人的简单凭证。保险证（卡）内容简单，便于随身携带。商业险单证及使用范围见表9-4。

表9-4 商业险单证及使用范围

单证名称	单证分类	适用范围
保险单	机动车商业保险保单	机动车
定额保险单	摩托车商业保险定额保单	摩托车（兼有投保单性质）
	拖拉机商业保险定额保单	拖拉机（兼有投保单性质）
保险证	机动车保险证	机动车
批改申请书	批改申请书	已签发的各类交强险保单进行批改时使用
批单	机动车保险批单	

任务实施

☞ 任务准备

（1）防护装备：服装、抹布、灭火器。

（2）工具设备：整车、洽谈桌、投保单、名片、保险公司标签、行驶证、身份证、电话、电脑、车险投保承保软件、打印机。

（3）辅助资料：卡片、记号笔、翻纸板、参考书。

☞ 实施步骤

（1）结合核保制度建立，分析汽车保险核保的意义和原则。

（2）上网查询汽车保险核保的具体内容，并记录、分析。

利用搜索引擎，搜索"初步核保、复核、单证"等关键词，查询并记录和分析的信息包括：

①汽车保险初步核保的具体内容。

②汽车保险复核的具体内容。

③汽车保险核保通过需要签发的保险单证。

（3）根据查询的信息，填写并完成任务报告。

任务报告

任务：汽车保险核保			
班级		姓名	
组别		组长	

(续表)

1. 接受任务（5 分）	得分：
你是一名汽车技术服务与营销专业的二年级学生，现在开始学习"汽车保险与理赔"这门专业课程，需要结合所提供客户投保情况，进行客户车辆的保险核保。请利用教材、参考书及网络资源进行检索并将相关信息总结、记录到报告中	

2. 信息收集（20 分）	得分：
（1）结合核保制度建立，分析汽车保险核保的意义和原则； （2）上网查询汽车保险核保的具体内容，并记录、分析	

3. 制订计划（15 分）	得分：

请根据工作任务制订工作计划及任务分工。

序号	工作内容	工作要点	负责人

4. 计划实施（50 分）	得分：

（1）结合核保制度建立，分析汽车保险核保的意义和原则。（10 分）

核保意义	
核保原则	

（2）上网查询汽车保险初步核保的具体内容，并记录、分析。（20 分）

汽车保险初步核保中验证的主要内容	
汽车保险初步核保中验车的主要内容	

（3）上网查询汽车保险复核的具体内容，并记录、分析。（10 分）

汽车保险复核的主要内容	

（4）上网查询汽车保险核保成功签发的保险单证，并记录、分析。（10 分）

签发的汽车保险单证	

5. 检查评价（10 分）	得分：
请根据成员在完成任务中的表现及工作结果进行评价。 自我评价：_____ 小组评价：_____	

任务总成绩：	

实操训练

模块：汽车营销评估与金融保险服务技术（初级）		考核时间：50 分钟	
姓名：	班级：	学号：	考评员签字：
初评：☞合格 　　　☞不合格	复评：☞合格 　　　☞不合格	师评：☞合格 　　　☞不合格	
日期：	日期：	日期：	
考核项目：汽车保险与按揭作业流程 ［实操考核报告］			

1. 学员根据任务描述，记录车辆信息。

车牌号码		发动机号码		厂牌型号	
车牌底色		机动车种类		使用性质	
车辆用途		核定载客/人		行驶里程/km	
车主姓名		联系电话		行驶区域	
车架号（VIN）					
承保险种	保险金额/元		保险费/元	绝对免赔率/%	绝对免赔额/元

2. 请使用车险投保承保软件，办理所指定车辆的核保业务。

核保人		核保时间		核保单号	
投保单据审核情况					
投保车辆审核情况					
保险费信息审核情况					
预期赔付率	30%（含）以下◎　30%～50%（含）◎　50%～65%（含）◎ 65%～90%（含）◎　90%以上◎				
核保意见					

3. 请使用车险投保承保软件，完成所指定车辆的保险单证的缮制、签单业务办理。

保险单制单人		制单时间		保险单号	
制单意见					
复核人员		复核时间		制单状态	
复核意见					
签单人员		签单时间		签单状态	
签发意见					
出单					

任务 10 续保、批改和退保

任务引导

汽车保险对于用车辆风险的保障作用是显而易见的,很多人都会购买保险。但保险总是有期限的,过了这个期限之后就需要续保了。那你知道应该如何办理续保业务和批改业务吗?购买汽车保险后如果想要退保又该怎么做呢?

任务目标

☞ 知识目标
(1)掌握续保、批改和退保的概念。
(2)能描述续保、批改和退保业务需要提供的资料。
(3)熟悉续保、批改和退保的业务流程。

☞ 能力目标
(1)能够运用所学知识完成续保业务的办理。
(2)能够运用所学知识完成批改业务的办理。
(3)能够运用所学知识完成退保业务的办理。
(4)严格执行工作现场"7S"管理。

任务资讯

10.1 续保

1. 续保的概念

汽车保险的保险期间一般为 1 年。续保是指一个保险合同即将期满时,由投保人向保险人提出申请,要求延长该保险合同的期限,而保险人根据投保人当时的实际情况,对原合同条件稍加修改并继续对投保人签约承保的行为。

续保是一项保险合同双方双赢的活动。对投保人处来说,通过及时续保,可以从保险人处得到连续不断的保险保障与服务,得到公司的续保优惠;对保险人而言,可以稳定业务量,减少展业工作量和费用。保险公司一般都将续保率与业绩考核挂钩。续保业务流程如图 10-1 所示。

图 10-1　续保业务流程

2. 投保人办理续保时需要提供的单据

在办理续保时，投保人办理续保时应提供下列单据：

（1）提供上一年度的机动车保险单。

（2）保险车辆经交通管理部门核发并检验合格的行驶证和车牌号。

（3）需要重新确定所需保险金额和保险费，并给出相关单据。

10.2 批改

1. 批改的概念

批改是指在保险单签发以后，在保险合同有效期限内，如果保险事项发生变更，则经保险双方当事人同意后办理变更合同内容的手续。

批改实施步骤如图 10-2 所示，批改业务流程如图 10-3 所示。

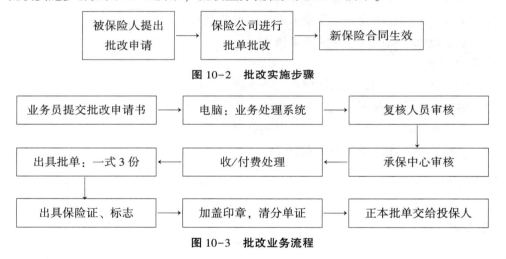

图 10-2　批改实施步骤

图 10-3　批改业务流程

2. 批改的内容

机动车保险批改的内容主要有以下几项：

（1）保险人变更。

（2）被保险人变更。

（3）保险车辆变更使用性质，增、减危险程度。

（4）增、减投保车辆。

（5）增、减或变更约定驾驶人员。

（6）调整保险金额或责任限额。

（7）保险责任变更。

（8）保险期限变更。

（9）变更其他事项。

3. 批改的方式

根据我国《保险法》的规定，保险单的批改有两种方式：一种是在原保险合同上进行批改；另一种是另外出具批单附贴在原保险单正本、副本并加盖骑缝章，使其成为保险合同的一部分。在实际工作中大都采用出具批单的方式。

在签发保险单证后，对保险合同内容进行修改、补充或增删所进行的一系列作业称为批改，经批改所签发的一种书面证明称为批单。

批单填写的内容如下：

（1）保险单号码：登录原保险单号码。

（2）批单号码：以年度按顺序连贯编号，系统自动生成。

（3）被保险人：填写被保险人的称谓，应与原保单相符。

（4）批文：批文按规定的格式填写，批改险种、保险费计算公式等按照公司规定执行。

批单采取统一和标准的格式。

4. 批改资料要求

批改资料要求见表 10-1。

表 10-1 批改资料要求

批改类型	所需资料
变更险别、保额或责任限额	批改申请书、投保人身份证明
变更车辆信息（使用性质、初登日期、车牌号等）	批改申请书、投保人身份证明、行驶证
过户批改	批改申请书、变更前后投保人身份证明、行驶证或过户发票或机动车登记证书
停驶批改（营业车交强险）	在交强险合同有效期内只能办理 1 次保险期间顺延，顺延期间最短不短于 1 个月，最长不超过 4 个月。具体操作办法按《停驶机动车交强险业务处理暂行办法》（中保协发［2009］68 号）执行

5. 批改的有关规定

（1）业务人员在接到投保人提出的书面变更申请后，对原保险单和有关情况进行核对并提出处理意见。

（2）批改生效日期不得提前于批改录入的同期。

（3）更换车辆不得进行批改，必须采取退保原车辆并重新承保的方式。

（4）当被保险车辆要求更换全部险种或部分险种的条款时，必须将原保险单按照短期月费率计算退保，再按照新条款、新费率以短期月费率计算保险费，重新出具短期保险单，或以新条款、新费率计算保险费并出具一年期保险单。

（5）在进行部分险种或全部险种的退保时，必须查询退保险种是否有未决报案信息；对于明确属于保险责任的，在被保险人领取赔款后方可退保。

（6）凡机动车损失保险，全车盗抢险，自燃损失保险或火灾、爆炸、自燃损失保险（含加保及增加保额），必须按照规定验车。若加保其他险种，则在必要时进行验车。

10.3 退保

1. 退保的概念

退保是指在保险合同没有完全履行时，经投保人向被保险人申请，保险人同意，解除双方由合同确定的法律关系，并且保险人按照《保险法》对合同的约定，退还保险单的现金价值。

投保人于保险合同成立后，可以书面通知要求解除保险合同。保险公司在接到解除合同申请书之日起，接受退保申请，保险责任终止。

2. 退保人的资格

办理退保申请的资格人是投保人。如果被保险人申请办理退保，必须取得投保人书面同意，并由投保人明确表示退保金由谁领取。

3. 退保人办理退保时需要提供的文件

退保人办理退保时需要提供以下文件：

（1）投保人申请书，如被保险人要求退保，应提供投保人书面同意的退保申请书。

（2）有效力的保险合同及最后一次缴费凭证。

（3）投保人的身份证明。

（4）委托他人办理的，应当提供投保人的委托书、委托人的身份证。

（5）在保险单有效期内，该车辆没有向保险公司报案或索赔过可退保，从保险公司得到过赔偿的车辆不能退保，仅向保险公司撤案而未得到赔偿的车辆也不能退保。

4. 退保险费计算

退保时对每个险种单独计算退保金额。

（1）对于车辆损失险及其附加险和特约条款，除保险费率另有规定或合同另有特别约定外，有下列几种情况：

①保单有效期内已发生赔款的险种，被保险人在获取部分保险赔款后一个月内提出解除合同的，计算与保险金额扣除赔款和免赔金额后的未了责任部分相对应的剩余保险费，按日费率予以退还。

$$退保金额=[基本保险费+（原保额-赔款-免赔金额）×原费率]$$
$$×（1+原保险费浮动比例）×未了责任天数/365$$

若出险险种是按固定保险费收费，则：

$$退保金额=该险种保单保险费×未了责任天数/365$$

②因保险赔偿致使保险合同终止时，保险人不退还出险险种的保险费。

③如未发生赔款，则保险人按年费率的 1/365 计算日费率。

退保金额=该险种保单保险费×未了责任天数/365

（2）对于机动车第三者责任险及其附加险险种和特约条款，不论是否发生赔款，保险人按年费率的 1/365 计算日费率，并退还未了保险责任部分的保险费。

退保金额=该险种保单保险费×未了责任天数/365

（3）分别计算各险种或特约条款的退保金额，加和得到总退保金额。如果退保时投保人尚未交足保单保险费，则应从总退保金额中扣除欠交的保险费。

任务实施

任务准备

（1）防护装备：服装、抹布、灭火器。

（2）工具设备：整车、洽谈桌、保单、名片、保险公司标签、行驶证、身份证、电话、电脑、车险投保承保软件、打印机。

（3）辅助资料：卡片、记号笔、翻纸板、参考书。

实施步骤

（1）结合续保业务工作内容，分析办理续保业务人员的工作要求。

（2）上网查询汽车保险续保、批改和退保的具体内容，并记录、分析。

利用搜索引擎，搜索"续保、批改、退保"等关键词，查询并记录和分析的信息包括：

①无赔款优待内容。

②车险可以批改的情形。

③交强险可以退保的情形。

④商业险可以退保的情形。

（3）根据查询的信息，填写并完成任务报告。

任务报告

任务：续保、批改和退保			
班级		姓名	
组别		组长	
1. 接受任务（5分）		得分：	
你是一名汽车技术服务与营销专业的二年级学生，现在开始学习"汽车保险与理赔"这门专业课程，需要结合所提供客户车辆情况，进行客户车辆的续保、批改和退保业务办理。请利用教材、参考书及网络资源进行检索并将相关信息总结、记录到报告中			

(续表)

2. 信息收集（20 分)	得分：
（1）结合续保业务工作内容，分析办理续保业务人员的工作要求； （2）上网查询汽车保险续保、批改和退保的具体内容，并记录、分析	
3. 制订计划（15 分)	得分：
请根据工作任务制订工作计划及任务分工。	

序号	工作内容	工作要点	负责人

4. 计划实施（50 分)	得分：
（1）结合续保业务工作内容，分析办理续保业务人员的工作要求。（10 分）	

办理续保业务人员的工作要求	

（2）上网查询汽车保险续保的具体内容，并记录、分析。（10 分）

能够享受无赔款优待条件	

（3）上网查询汽车保险批改的具体内容，并记录、分析。（10 分）

汽车保险可以批改的情形	

（4）上网查询汽车保险退保的具体内容，并记录、分析。（20 分）

交强险退保情形	
商业险退保情形	

5. 检查评价（10 分)	得分：
请根据成员在完成任务中的表现及工作结果进行评价。 　自我评价： 　小组评价：	
任务总成绩：	

实操训练

模块：汽车营销评估与金融保险服务技术（初级）			考核时间：50 分钟	
姓名：	班级：	学号：		考评员签字：
初评：☞合格 　　　☞不合格	复评：☞合格 　　　☞不合格	师评：☞合格 　　　☞不合格		
日期：	日期：	日期：		
考核项目：汽车保险与按揭作业流程［实操考核报告］				

1. 学员根据任务描述，记录车辆信息。

车牌号码		发动机号码		厂牌型号	
车牌底色		机动车种类		使用性质	
车辆用途		核定载客/人		购买价格/元	
已使用年限/年		行驶里程/km		行驶区域	
车主姓名		联系电话		职业	
车架号（VIN）					

2. 请使用车险投保承保软件，办理所指定车辆的续保业务。

制单人		制单时间		单号	
车牌号码		车架号（新车未上牌）		发动机号	
号牌类型	大型汽车号牌◎ 挂车号牌◎ 小型汽车号牌◎ 新能源车号牌◎ 其他◎				
车辆注册日期		品牌型号		能源类型	燃油◎ 新能源◎
使用性质	家庭自用◎ 非营业用（不含家庭自用）◎ 预约出租客运◎ 旅游客运◎ 出租/租赁◎ 城市公交◎ 公路客运◎ 营业性货运◎				
车辆种类	6座以下客车◎ 6座及以上客车◎ 6～10座客车◎ 10～20座客车◎ 20～36座客车◎ 36座以上客车◎ 2吨以下货车◎ 2～5吨货车◎ 5～10吨货车◎ 10吨以上货车◎ 其他◎				
车主姓名		车主证件类型	身份证◎ 护照◎ 港澳通行证◎ 军人证件◎ 其他◎		
证件号码					
车主性质	个人◎ 机关◎ 企业◎			车主电话	
新车标识	不指定 非新车◎ 新车◎			新转续标识	
多年车贷投保标识	不指定◎ 否◎ 是◎			争议解决方式	诉讼◎ 仲裁◎
行驶区域	境内◎ 省内◎ 出入境◎ 场内◎ 固定路线◎				
交强险	投保◎ 不投保◎	保额/元		保险费/元	
保险期间					
交强险保险费计算方案		费率浮动		车船税/元	
商业险	投保◎ 不投保◎	保险期间			
机动车损失险保额/元		保险费/元		车损绝对免赔额、免赔率/%	

（续表）

机动车第三者责任险保额/元		保险费/元		三者绝对免赔率/%	
车上司机责任险保额/元		保险费/元		车责司机绝对免赔率/%	
车上乘客责任险保额/元		保险费/元		车责乘客绝对免赔率/%	
车身划痕损失险保额/元		保险费/元		法定节假日限额翻倍险	
保险费合计金额/元					
上传汽车图片					
上传证件照片					
核保人		核保时间		核保单号	
投保单据审核情况					
投保车辆审核情况					
保险费信息审核情况					
预期赔付率	30%（含）以下◎　30%～50%（含）◎　50%～65%（含）◎　65%～90%（含）◎　90%以上◎				
核保意见					
制单意见					
复核人员		复核时间		制单状态	
复核意见					
签单人员		签单时间		签单状态	
签发意见					
出单					

3. 请使用车险投保承保软件，办理所指定车辆的批改业务。

保险单号		车牌号码		车架号（VIN）	
申请批改原因					
	变更保险人◎　变更保险期限◎　变更保险责任◎　无赔/退费◎ 约定退费◎　注销保险单◎　退保◎				
申请人		身份证号		联系电话	
申请人住址					
批改单号		手续费		批改生效日期	

（续表）

单据状态		申请处理人		申请处理时间	
审核说明					
		审核人		审核时间	
出单说明					
		出单人		出单时间	
打印批单					

项目四
汽车保险理赔

学习任务

本项目主要建立在学习者已经掌握一定的汽车保险知识的基础上,旨在引导学习者深入学习汽车理赔方向的内容。本项目分为4个学习任务。

任务 11　报案调度

任务 12　车险查勘

任务 13　定损核损

任务 14　车险理算及案件制作

通过4个任务的学习,理解车险查勘的含义;了解事故车辆定损的标准及要求;能说出接听车辆事故电话时应询问的关键点是哪些;能向客户解释赔款的计算过程;最终完成理赔案卷的制作。

任务 11 报 案 调 度

任务引导

机动车发生保险事故后，投保人应及时向保险公司报案；保险公司应受理报案，同时启动理赔程序。当受理报案结束后，保险公司的调度人员应立即派查勘员处理事故，告知查勘员相关案情及案件风险点。

保险公司电话客服的服务内容非常广泛，包括出险报案、保单查询、电话销售、投诉建议及咨询等。电话客服是保险公司形象的一大窗口，所以客服人员应具备良好的服务意识。作为汽车保险公司的理赔工作人员，你知道如何接听事故电话吗？我们又该传递给查勘员哪些信息呢？

任务目标

☞ 知识目标

（1）学会报案流程，以及对报案进行询问。

（2）能描述不同调度级别的工作内容。

（3）能描述与报案人沟通时需要应用的沟通技巧。

☞ 能力目标

（1）能够操作报案人接案管理软件并及时录入报案人报案信息。

（2）能够准确对案件类别进行快速识别，准确对查勘员进行派工。

（3）严格执行工作现场"7S"管理。

任务资讯

11.1 电话礼仪

11.1.1 接听电话礼仪

1. 接听准备

电话被现代人公认为便利的通信工具，在日常工作中，使用电话的语言很关键，它直接影响着一个公司的声誉。保险公司接案人必须保证 24 小时在岗，在电话铃声响 3 下以内接听。查勘员接到查勘调度后，应在 5 分钟内主动与报案人取得联系，确认并及时赶赴事故地点。在接听电话前，接案人首先要做好接听电话的准备工作。

（1）准备报案记录表。

如果接案人没有准备好记录工具，那么当报案人打电话报案时，接案人就不得不要求对方稍等一下，让报案人在事故现场等待，这是很不礼貌的，同时还加强了报案人的焦躁感。所以，接案人在接听电话前，要准备好记录工具，如笔和报案记录表、电脑等。

（2）停止一切不必要的动作。

不要让对方感觉到你在处理一些与电话无关的事情，对方会感到你在分心，这也是不礼貌的表现。

（3）使用正确的姿势。

如果接案人的姿势不正确，不小心让电话从手中滑落，或掉在地上发出刺耳的声音，也会令对方感到不愉快。

（4）快速记录报案信息。

在报案时，报案人会焦躁不安，因此作为接案人，要随着报案人的叙述进行快速而准确的记录。根据不同保险公司的要求，有的要求记录在报案表上，而有的则需要录入电脑系统。迅速准确的记录可以让报案人得到安慰，从而有效地缓解其紧张情绪。

2. 语调语气

（1）接案人的语音语调应尽量保持平稳、柔和，不可太高或太低，在遇到报案人投诉或报案人情绪激动时更应注意语调的平稳。

（2）接案人的语调应亲切、热情，展示出服务的积极性，避免声音平淡或有气无力。

（3）接案人的讲话方式应专业但不生硬，友善但不虚伪，礼貌但不卑微。

3. 礼貌用语

（1）"您好，×××保险公司！×××为您服务。"

（2）"请问您需要什么帮助？"

（3）"请问您的车辆是在什么时间发生的事故？"

（4）"具体在什么地方？"

（5）"您现在在事故现场吗？"

（6）"请问您的保单号是多少？"

（7）"请问被保险人的姓名是什么？请问您的车牌号是多少？车型是什么？"

4. 受话人不在时的电话接听

首先应跟对方解释并询问是否需要留言或劝其过会儿再打来。

若受话人正在参加重要会议，则应礼貌致歉，婉劝对方过会儿打来。

如接到报案人打给同事的电话而其又不在，应避免回答"没有来"；一直未见则应答复"他/她暂时不在办公室，有什么事可以代劳处理"，或应请对方稍候，设法联系受话人，并记录电话号码、单位、姓名，以避免打错电话。

5. 拨打电话礼仪

（1）称呼对方并问候，再陈述公司名称及自己的姓名。

(2) 询问对方是否有时间与自己交谈。

(3) 微笑并用礼貌用语。

(4) 简洁、清晰地说明打电话目的。

(5) 感谢报案人接听电话，并等报案人先挂断电话后再挂机。

(6) 在回访系统中记录或更新该报案人的相关信息。

11.1.2 接听报案的工作内容

(1) 出险报案。

出险报案是指在保险标的发生保险事故时，由报案人拨打全国统一的客服电话，向保险公司报案。接案人对报案人具体询问内容如下：保险车辆的有关信息，如保单号码、被保险人姓名、车牌号码、牌照底色和厂牌型号等；车险信息，如车险时间、车险地点、出险原因、驾驶人姓名、事故经过和事故涉及的损失等；报案人信息，如姓名、联系电话等；第三者车辆信息；等等。之后，接案人查询、核对承保信息；查询历史出险、理赔信息；生成报案记录；填写有关单证，说明后续理赔安排。

(2) 投诉建议。

投诉建议是指报案人对保险公司的服务有不满的地方，向客服反映。

(3) 电话投保。

电话投保是指报案人可直接拨打客服电话进行投保，通常称"电销"。

(4) 保单查询。

保单查询是指报案人拨打客服电话，对自己的保险信息进行查询。

(5) 咨询。

咨询是指报案人拨打客服电话，了解关于保险、理赔、各种服务的信息等。

11.1.3 接听报案的一般流程

1. 接听报案的形式

(1) 上门报案。

上门报案是指报案人亲自到保险公司来报案。由于电话报案的普及，此种情况目前不常见。

(2) 电话报案。

电话报案是指报案人直接拨打投保公司客服电话进行报案。这是目前最普遍的报案方式。目前，各保险公司大都建立了全国统一的客服电话。

2. 电话接报案流程

(1) 受理报案，查抄底单，核保报案人身份

接案人在接到被保险人的报案后应在理赔系统"报案平台"上立即查抄底单，与报案人核对被保险人姓名、车牌号码、厂牌型号等信息，核实出险报案人身份及承保信息（保险期间、承保险别、保险费到账情况），如属非保险标的、出险时间不在保险期限内、非保险险别等不承担责任的，应耐心向报案人解释。

(2) 录入报案信息。

如属本保险公司客户，出险时间、出险险别在保险范围内的有效保单，接案人应对其详细询问、记录并在理赔系统"报案平台"中输入以下信息：

①报案人姓名及与被保险人的关系、被保险人的有效联系方式等。

②出险车辆的车牌号、厂牌车型（如报案所述与承保车型不一致则应在备注栏中标明）。

③出险时间、出险地点、出险原因。

④驾驶人员姓名、联系方式等。

⑤车辆损失及施救情况，车辆停放地点。

⑥人员伤亡情况：伤者总人数、伤者姓名、送医时间、医院名称及地址。应特别注意伤者的身份（是第三者还是司机或乘客）及伤情（住院、死亡、门诊治疗）。

⑦受损财物种类、所有人姓名及施救情况。

⑧与报案人重述相关重要信息。

⑨当案件相关信息询问结束后，接案人应向报案人复述相关重要信息，比如驾驶人员电话、报案地点等。

(3) 选择案件类型、受理意见，自动生成报案号。

根据报案损失情况，接案人应正确选择案件类型、受理意见，审核所输入的信息。如同意受理，接案人应在确认后生成报案号。

(4) 告知注意事项及索赔流程，结束受理报案。

生成报案号后应告知报案人报案号的后面几位数字，以便进行后续处理；告知查勘员要尽快与报案人取得联系；同时告知报案人注意事项及索赔流程，比如现场等待查勘、报告交警处理等。

(5) 非保险责任案件的处理

对于不属于保险责任的报案，接案人也应积极收集报案人信息，以便今后为续保及用户服务用。对于有道德风险可能的案件，应尽可能询问更多的信息，掌握更多的证据，接案人一般不可轻易拒赔。

11.1.4 接听报案的话术

在接报案过程中，接案人应对不同案件类型有不同的询问话术。下面列举了部分常见案件的话术，在学习的过程中应结合实际工作的视频等同步分析。

1. 单方事故

(1) 异常出险时间，即出险时间距保单起保日期 7 天之内。

操作要求：仔细聆听报案人的表述，注意其吐字是否清晰。

话术要点：询问报案人上一年度在哪家公司投保，投保险种。

话术示例：请问您的车险去年是在哪一家公司投保的？投保了哪些险种？

备注记录：××××年在××公司投保，保单号为××××，投保险种为××××。

（2）出险时间为餐后时间，需要关注时间（21：00—3：00）。

操作要求：仔细聆听报案人的表述，注意其吐字是否清晰。

话术要点：询问报案人是否在现场；提示报案人公司的理赔人员需查勘或复勘现场；须提供交警部门的事故证明。

话术示例：请问您现在是否在现场？请您根据查勘员需要，配合查勘或复勘现场。请您向交警报案，并提供交警部门的事故证明，这将对于您的案件处理有所帮助。

备注记录：现场报案，报案人在现场等待；已要求提供交警部门的事故证明；报案人表述清晰（或不清晰）。

（3）异常出险地点，即在郊外、山区、农村等较为偏僻地点出险。

话术要点：确认出险地点；请报案人在现场等待，并告知公司理赔人员将尽快与其联系。

话术示例：请问您现在的出险地点是在什么地方？是否属于郊区（或山区或农村）？

备注记录：报案人出险地点为郊区或山区农村等，提示现场待查勘联系。

（4）异常报案人，即报案人非驾驶人员，是驾驶人员但非被保险人的，以及报案人对驾驶人员和出险情况不清楚的。

操作要求：如果为非案件当事人报案，则需获取联系方式后再联系驾驶人员了解出险经过。

话术要点：询问报案人与被保险人的关系；向驾驶人员或其他知情人了解事故经过。

话术示例：请问您和被保险人是什么关系？请问驾驶人员现在在哪？请详细说明一下出险经过（如对方不清楚，为更清楚地了解出险经过，请他人接一下电话或请提供一下他人的联系方式）。

备注记录：报案人与被保险人的关系。

（5）报案电话在系统内的不同保单项下出现次数累计3次及以上的案件。

操作要求：核对报案电话，在系统中查询是否为需关注电话，如果是，则提示调度人员并通知查勘员。

话术要点：询问报案人与被保险人的关系。

话术示例：请问您和被保险人是什么关系？请问驾驶人员是谁，与被保险人是什么关系？

备注记录：报案号码累计出现过×次；报案人、驾驶人员和被保险人的关系。

（6）异常出险频率。

话术要点：提示并与报案人确认已多次出险，请被保险人亲自索赔并记录。

话术示例：您好，由于您此次是第×次出险，为维护您的权益，请您之后亲自来我保险公司办理索赔手续。

备注记录：此为报案人第×次出险，已提醒申请办理索赔；记录报案人是否了解出险次数。

（7）高空坠物。

话术要点：询问坠落的具体物体；询问出险的具体地点，是否是小区、停车场（是否收费，如是则保留相关凭据）；提示报案人查找可能的责任方，并向责任方索赔；要求报警。

话术示例：请问您的车是被什么物体砸到的？请问您的车是停放在什么地方的，是否收费（如果收费请保留好相关凭据）？请尽快报警，并尽快查找相关责任方进行赔偿。请保护好现场，如果查勘员看过车后需要您补充相关证明，麻烦配合。

备注记录：坠落物体为何物；有（或没有）人看管（如有人看管已提示保留相关凭据）；已提示报警查找责任方；已提示保护现场。

2. 多方事故

话术要点：询问报案人在驾驶过程中是否因车距较近、逆行、变道超车、未按规定让行、开关车门、操作不慎等原因引起事故；询问事故中受损车辆数量，标的车在事故中的具体位置；询问其他事故车辆的号牌、车辆型号；提示报案人如果没有其他事故车辆的信息，可能会影响到被保险人今后的索赔，所以建议尽快落实其他事故方。

话术示例：请您简单描述一下事故经过。请问事故中有几辆车受损，您的车在事故中处在什么位置？请问此次事故是由什么原因造成的？请问是否报交警处理还是使用快速撤离方式解决？请问其他车的号牌、车辆型号是什么？请问双方车上是否有人受伤，几个人受伤，伤在什么部位，住院还是门诊？请问车辆目前所在位置是哪里？

备注记录：记录出险描述，出险原因；报交警处理或快速撤离现场；车辆所在位置；车辆在事故中的位置，记录规则为最后一辆（车型或者号牌）、中间一辆（车型或者号牌）、第一辆（车型或者号牌），如丰田—奥迪—本车—宝马。

3. 倾覆

倾覆是指意外事故导致被保险车辆翻倒（两轮以上离地、车体触地），使之处于失去正常状态和行驶能力、不经施救不能恢复行驶的状态。

话术要点：询问路况，如道路是否为弯道、下坡等；天气（是否雨后湿滑等）；倾覆的地点，如沟渠、农田、路边洼地等。提示报案人保留现场，保险公司理赔人员会尽快联系报案人。询问是否存人员伤亡的情况，如有则按人伤规则进行询问，提示报交警处理。

话术示例：请您详细描述一下当时发生事故的过程、地点？请问事发路段的路况怎么样？请问事发时的天气怎么样？请您在现场不要离开，保持好现场，立即报警，我们的查勘员会尽快与您取得联系？请问您的车辆哪个部位受损，情况如何？请问此次事故中有没有人员受伤？请提供伤者的姓名、性别、年龄。伤者现在情况如何，伤到哪里？几个人受伤？请问伤者受伤是否严重，能否行走等。

备注记录：出险过程中的特殊信息；特殊地点，如道路是否为拐弯、下坡等；是否雨后湿滑等；已提醒保护现场，配合查勘；已提示报警；车辆现在所在位置；本车有无人伤，如有应记录人伤相关信息。

4. 盗抢

盗抢是指保险车辆全车被盗、被抢。

操作要求：需要说明是被盗还是被抢。如被盗，需询问车辆停放地点是收费性质的还是免费的。

话术要点：仔细聆听报案人叙述的事故经过并记录。如报案人述说与他人有债务纠纷，或者车辆曾经过户等情况，做记录，不要答复是否赔偿等敏感问题（对于本条情况，如报案人未提及，不可主动询问）；询问行驶证等相关证件是否在标的车上。在被盗时，询问车钥匙情况，报案人手里有几把钥匙；在被抢时，询问车上是否还有其他人员。提示报案人尽快报警。

话术示例：请问当时的事发经过是怎样的？是否为整车被盗？请问当时您的行驶证等证件是否在被盗车上？请问您现在手上还留有几把钥匙？被盗地点是否有人看管车辆？请问您车子是否有装载货物，是否为有偿运输？请您尽快报告110。请问车主是否有债务情况或车辆有过户的情况？

备注记录：出险描述；证件丢失情况；留存钥匙数量；有（或没有）看管；有（或没有）装载货物，是（或不是）有偿运输；已提醒报案人报警；车主有债务纠纷。

5. 玻璃单独破碎

被保险车辆发生车窗玻璃、天窗玻璃单独破碎的，保险公司按附加险条款规定赔偿。

话术要点：询问车辆的使用情况、玻璃破碎的原因、有无肇事方。

话术示例：请问是什么原因造成玻璃受损，当时车辆状态怎么样？请问是否有肇事方？损坏玻璃部位是哪？请问车辆目前所在位置是哪里？

备注记录：出险原因及当时车辆状态；有（或无）责任方；受损在××部位；车辆现在所在位置。

6. 划痕

无明显碰撞痕迹的车身表面单独损伤。

操作要求：询问车身划痕发现时间，被何物划伤；提示要对车辆进行估损，必要时必须查勘/复勘现场或由报案人提供相关证明。

话术要点：询问发现划痕的时间、被何种物体划伤。

话术示例：请问您大概什么时间发现车子被划了？请问您的车辆受损部位是哪里？您知道是被什么物体划伤的吗？

备注记录：发现车辆被划伤时间；受损部位；报案人推测是何种物体划伤的；已提示报警或告知报案人，如查勘中要求报警则需报案人配合。

7. 火灾自燃

火灾是指由在时间或空间上失去控制的燃烧所造成的灾害。自燃是指符合条款规定的由车辆本身起火的燃烧。

操作要求：询问起火时间，起火点位置；如果是货车则询问是否载货，具体载货种类；提示报案人提供消防证明。

话术示例：请问大概是因为什么起火的，起火点在什么位置？请问当时是否装载货物，请问装载的是什么货物（货车）？此类事故索赔时要求提供起火原因证明，即消防证明，所以麻烦您在报警后取得相关证明，便于索赔。

备注记录：出险描述；从何处烧起的；货车装载货物情况；已提醒报案人开立相关证明。

8. 自然灾害

自然灾害一般包括暴风、龙卷风、雷击、雹灾、暴雨、洪水、海啸、地陷、冰陷、崖崩、雪崩、泥石流、滑坡、载运车辆的渡船遭受自然灾害等危险。

话术要点：询问具体的灾害类型，车辆受损的具体情况。

话术示例：请您简单描述下事故经过。请问是什么原因造成此次事故的？如果查勘员看车后需要您提供相关部门的证明，麻烦您配合（如报纸等媒体有相关报道的也可以）。请问车辆目前所在位置在哪里？

备注记录：出险描述；已告知报案人如需出具相关证明需配合；车辆现在所在位置或者已经推荐到定损点的地址。

9. 水淹、涉水

操作要求：告知报案人不要启动车辆，等待救援。

话术要点：告知报案人不要启动车辆，等待救援；询问目前水淹到车身的位置，涉水的具体情形。

话术示例：请您不要启动车辆，把车辆推到地势较高地方，或等待施救车救援；请问是什么原因造成车子被水淹到的（主要区分是由洪水、暴雨等自然因素还是由非自然因素的路面积水所造成的水淹、涉水等）？请问您的车目前被水淹到车身的什么位置？

备注记录：出险描述；水深位置；已提醒报案人相关施救要求。

10. 三者逃逸

话术要点：了解具体经过，记录报案人能想到的相关信息；提示报案人尽快报警，并提供相关证明；

话术示例：请问您的车是在什么地方发生的事故？请问您是什么时间发现车子受损的？当时有其他的目击证人吗？可否提供相关信息及联系方式？请您尽快报警，并提供事故证明。

备注记录：出险描述；可提供目击证人的联系信息；已提醒报案人开立相关证明。

11. 车上货物

话术要点：询问车上运载的具体货物、装货时间、运输路线；提示报案人保留货物相关凭证，如装载清单、运单等。

话术示例：请问您车上运载的是什么货物，什么时候装载货物的？请问您是打算从哪里运输到哪里的？请问当时车上有几个人？请您保留好货物的相关凭证，如装载清单等。

备注记录：车上货物及运载时间、起止地点；车上人员情况；已经告知报案人保留相关凭证。

12. 三者物损

话术要点：询问撞的具体物体，大概损坏情况；询问车辆的碰撞部位；提示报案人尽快报警；提示报案人配合查勘或复勘现场。

话术示例：请问您是撞到什么物体？物体有哪些损坏，估计损失金额大概多少？请问您的车辆哪些部位受损？请您立刻报交警。

备注记录：三者物损情况；已提醒报警。

11.1.5 接报案示例

情境导入——单方碰撞事故

2020年1月10日，王先生（小姐），驾驶标的车黑A×××××行驶经过××街××号时，为躲避一行人，不慎撞到护栏上。

报案中心07号话务员（以下简称"07"）接听情况如下：

07：您好，××保险公司，07号为您服务。

报案人：你好。我的车出险了。

07：您好，请告诉我您的车牌号码。

报案人：我的车牌是黑A×××××。

07：稍等，我为您查询一下。

07：先生（小姐）您好，被保险人是××，电话号码是138××××××××，×××车，对吗？

报案人：是的。

07：好的，下面我需要记录一下您的出险信息。请问此次事故驾驶人员是您本人吗？

报案人：是的。

07：请详细说明一下事故经过。

报案人：刚才我开车行驶经过××街××号时，为了躲一行人，不慎撞到旁边的护栏上。

07：有人员受伤吗？

报案人：没有。

07：发生的事故的具体时间和地点麻烦您再确定一下。

报案人：上午10：30，××街××号附近××药店门口。

07：您投保的交强险和商业险都在生效日期中，其中包含车损险和第三者责任险，无其他人员受伤，目前就您车受损了，能说明一下护栏以及您车受损情况吗？

报案人：护栏撞坏了一块，我的车前部受损，损失不重。

07：您现在还在现场吗？

报案人：是的。

07：好的，您稍等，请保护好现场，稍后我公司查勘员会与您联系。请问您还有什么需要帮忙？

报案人：没有了。

07：请您保持电话畅通耐心等待。再见！

报案人：再见。

（对话完毕，点击"报案中心"，对报案信息进行录入。）

11.2 调度派工

调度派工是指受理报案在结束后，保险公司安排查勘员对人伤情况及车辆、财产损失等进行查勘跟踪和定损的过程。调度对时效的要求非常高，一般要求在几分钟内完成，以确保查勘员能及时与报案人联系，告知报案人相关注意事项。

由于查勘员在收到任务后未查勘之前无法判断事故的情况及相关风险点，所以调度人员是受理报案与查勘员之间的"桥梁"，应将报案人提供的信息转告查勘员，并提示相关风险点，以便查勘员能准确高效地处理案件。

11.2.1 调度派工的种类

1. 按调度级别分类

现在大部分保险公司都是由自己的查勘员查勘定损，调度人员只需直接调度查勘员；小部分公司将其查勘定损工作委托给公估公司，调度人员直接把任务派工给公估公司，由公估公司派出查勘员。

（1）一级调度。

一级调度是指调度人员将案件直接派工给本公司查勘员处理。

（2）二级调度。

二级调度是指调度人员将案件派给委托的公估公司，由公估公司再次调度给其查勘员。

2. 按损失类型分类

对于不同类型的案件需要不同专业背景的查勘员处理，调度人员应根据案件损失情况派工。人伤查勘与车物损查勘的区别较明显，车损与物损一般为同一人处理。

（1）车损调度。

车损查勘员是指仅对车损进行查勘。

（2）物损调度。

物损查勘员仅对事故相关财产损失进行查勘。

（3）人伤调度。

人伤查勘员仅对事故造成的人员伤亡进行查勘跟踪。

3. 按查勘点分类

保险公司根据案件损失类型及损失程度情况建立不同受信级别查勘机构，比如玻璃厂商、定点定损点、合作修理厂、物价鉴定机构等，通过合理建设理赔网点来提高理赔服务水平。

（1）玻璃厂商。

各保险公司与部分信誉较好、规模较大的玻璃厂商都建立了合作关系。当承保标的发生玻璃单独破碎事故后直接推荐至合作玻璃厂商，玻璃厂商按照保险公司的要求对车辆进行定损工作，并且办理委托理赔手续。被保险人可以不支付现金，这大大方便了其理赔。

（2）定点定损点。

随着各地实施对交通事故的快速处理，建立了较多快速处理服务中心，各保险公司都安排了定点定损点查勘员。当保险事故符合快速处理要求的，保险公司受理报案人并将其推荐至离事故地点最近的快速处理中心查勘定损，调度人员需将案件调度交给查勘员。

（3）合作修理厂。

保险公司对于信誉较好的合作修理厂，根据理赔网点的需要会授信一定额度的查勘权限。保险公司将根据合作修理厂提供的损失照片等相关信息实行远程网上定损。

（4）物价鉴定机构。

当保险公司对于部分损失无法或没有能力定损时，将委托给相关权威物价鉴定机构进行估价。

11.2.2 调度派工的流程

1. 查找待调度案件

调度人员应不停地刷新待调度案件，发现有待调度案件应及时调度。良好的服务水平要求高效的调度，以确保查勘员能第一时间与报案人联系，正确处理好事故。

2. 了解案情

调度人员在打开调度案件后，应快速了解案情，确定案件类型并准确调度，寻找案件风险点，以便转告现场查勘员。

3. 联系查勘员，告知案情及风险点

当调度人员确定了派工方案后应及时联系查勘员，告知查勘员案件的基本情况及案件风险点。

（1）告知查勘员的重要事项：事故描述、标的车型及其他事故方信息、事故方损失情况、报案驾驶人员姓名、事故处理人员联系电话、优先处理案件、查勘地点。

（2）特别风险点提示列举：近期出险、多次出险（出险次数）、保险公司关注风险驾驶人员、保险公司关注风险报案号码、超时报案。

4. 系统派工

调度人员联系查勘员后应在系统内派工，把案件任务调到该查勘员的查勘平台，以便查勘员对案件进行后续处理。此时调度任务结束转给下一查勘环节。

5. 任务改派

当系统派工后，对于部分案件，由于客观原因该查勘员无法查勘，则调度人员应及时安排其他查勘员完成该任务，同时在系统内应完成任务改派，以确保该案件实际有相应的人员进行处理。

11.2.3 调度示例

情境导入——调度人员通知查勘员

查勘员：您好。

调度人员：您好，这里有一起案件需要您处理一下。

查勘员：报案编号多少？

调度人员：报案编号是××××。

查勘员：在什么位置？

调度人员：在××街××号××药店门口。

查勘员：什么事故？

调度人员：躲行人时撞到路旁护栏，无人员受损，仅标的车和护栏受损。

查勘员：车辆保险有什么？电话号码是多少？车的品牌是什么？

调度人员：有交强险、车损险和三者险，电话号码是138××××××××，×××车。

查勘员：好的，谢谢。

调度人员：稍后具体短信发给您，再见。

（与查勘员沟通后，确定无误，调度到查勘员相应的查勘平台，点击"调度平台"界面，对案件进行调度。）

任务实施

☞ 任务准备

（1）防护装备：服装、抹布、灭火器。

（2）工具设备：电话、保单、车辆车险登记表、计算机或网络终端。

（3）辅助资料：卡片、记号笔、翻纸板、参考书。

☞ 实施步骤

（1）询问案情（利用文档或者车险理赔系统进行记录）。

（2）将学生分成3组讨论、分析案例并记录。

第一组收听案例音频，利用文档或者车险理赔系统进行报案记录。

第二组查询核对承保信息，说明是否符合理赔范围。

第三组模拟调度人员通知查勘员赶赴事故现场，完成查勘调度工作。

任务报告

任务：报案调度			
班级		姓名	
组别		组长	

(续表)

1. 接受任务（5分）	得分：
你是一名汽车服务与营销专业的二年级学生，现在开始学习"汽车保险与理赔"这门专业课程，需要接听事故报案电话并进行调度，请利用教材、车险理赔软件、参考书及网络资源进行检索并将相关信息总结、记录到报告中	

2. 信息收集（20分）	得分：
（1）利用"互联网+"的形式，认真听报案调度案例，结合报案案例进行报案信息的记录； （2）上网查询录入车险报案记录表的注意事项，并记录、分析	

3. 制订计划（15分）	得分：

请根据工作任务制订工作计划及任务分工。

序号	工作内容	工作要点	负责人

4. 计划实施（50分）	得分：

（1）报案信息的记录。（20分）

机动车保险报案记录

保险单号：　　　　　　　　报案编号：

被保险人：		号牌号码：		牌照底色：
厂牌型号：		报案方式： □电话　□传真　□上门　□其他		
报案人：	报案时间：	联系人：		联系电话：
出险时间：	出险原因：	是否第一现场报案：□是　□否		
出险地点：		驾驶人员姓名：		准驾车型：
驾驶证初次领证日期：		驾驶证号码： □□□□□□□□□□□□□□□□□□		
处理部门： □交警　□其他事故处理部门 □保险公司　□自行处理		承保公司：		被保险人类别：
事故经过：				
涉及损失 类别	□本车损失 □本车车上人员伤亡 □第三者车辆损失 □第三者车上财产损失		□本车车上财产损失 □第三者其他财产损失 □第三者人员伤亡 □其他	
联系人：		固定电话：		移动电话：

(续表)

(2) 查询核对承保信息，说明是否符合理赔范围。（15 分）	
承保信息	
是否符合理赔范围	
(3) 模拟接案员打电话通知查勘员进行事故现场的赶赴，完成调度工作。（15 分）	
调度类型	
调度话术	

5. 检查评价（10 分）	得分：
请根据成员在完成任务中的表现及工作结果进行评价。 自我评价：_____ 小组评价：_____	
任务总成绩：	

实操训练

模块：汽车营销评估与金融保险服务技术（中级）				考核时间：50 分钟	
姓名：		班级：		学号：	考评员签字：
初评：☞合格 　　　☞不合格		复评：☞合格 　　　☞不合格		师评：☞合格 　　　☞不合格	
日期：		日期：		日期：	
考核项目：保险理赔与三包作业技术　[实操考核报告]					

1. 观看视频（或照片），分析事故，记录车辆信息。

品牌		整车型号		生产日期	
发动机型号		发动机排量		变速箱类型	手动◎ 自动◎
行驶里程/km		车牌号		车主姓名	
车辆识别码					

2. 根据案例对事故进行记录。

(1) 观看视频（或照片），分析事故原因。

撞击位置	事故状态	事故发生时间	事故发生地点
前部◎ 中部◎ 左侧◎ 右侧◎ 后部◎	小◎ 大◎ 特大◎		
出险原因	醉驾◎ 闯红灯◎ 疲劳驾驶◎ 制动失效◎ 打滑◎ 人为◎ 其他：		

（2）受损情况记录。

编号	检测项目	受损严重	受损不严重	无受损情况
1	标的车损			无◎
2	三者车损			无◎
3	三者人伤			无◎
4	标的人伤			无◎
5	其他			无◎

任务 12　车险查勘

▶ 任务引导

机动车保险理赔工作是保险政策和作用的重要体现；是保险人执行保险合同，履行保险义务，承担保险责任的具体体现。保险的优越性及保险给予被保险人的经济补偿作用在很大程度上都是通过理赔工作来实现的。它涉及面广，社会影响大。机动车保险理赔工作质量的好坏直接影响到保险公司的信誉，对机动车保险业务的开展甚至其他产险业务的拓展都起着举足轻重的影响作用，同时也决定了保险公司自身的经济效益。

作为汽车保险公司的理赔工作人员，你知道查勘员的工作职责有哪些吗？到了事故现场，你应如何进行查勘，有具体的方法和要求吗？

▶ 任务目标

☛ 知识目标
（1）学会查明出险车辆的情况，验证相关证件。
（2）能描述查勘员的岗位要求和工作内容。
（3）能描述查勘的方法、查勘照片的拍摄要求。

☛ 能力目标
（1）能够判断事故车辆与证件的真实性。
（2）能够利用适合的查勘方法对事故现场进行科学的查勘并收取物证。
（3）能够根据现场情况进行查勘图的绘制。
（4）严格执行工作现场"7S"管理。

▶ 任务资讯

12.1　事故现场查勘概述

12.1.1　交通事故现场分类

根据发生事故后现场的变化情况，交通事故现场可分为原始现场、正常变动现场、伪造现场、逃逸现场和恢复现场。

1. 原始现场

原始现场也称第一现场，是指事故现场的车辆、物体以及痕迹等仍保持着事故发生后的原始状态，没有任何改变和破坏。这种现场保留了事故的原貌，可为事故原因的分析与认定提供直接证据，是现场查勘最理想的出险现场。

2. 正常变动现场

正常变动现场是指由于某种原因，使事故的原始状态发生部分或大部分更改。更改事故原始状态的原因很多，通常有如下几种情形：

（1）抢救受伤者。为了抢救事故受伤者而移动有关物体的位置或变更死者原来的倒卧位置。

（2）保护不当。由于未及时封闭现场，有关痕迹被来往车辆和行人碾踏，致使痕迹不清或消失。

（3）自然破坏。由于雨、雪等自然因素，事故痕迹不清或消失。

（4）允许变动。有特殊任务的车辆，如消防、警备、救险等在执行任务过程中出险后，须驶离现场，致使出险现场发生变化。

（5）在一些主要交通干道或城市繁华地段发生的交通事故，为疏导交通而导致出险现场变化。

（6）车辆驶离。发生事故后，驾驶人员无意（未发觉）或有意（逃避责任）将车辆驶离现场。

从现场查勘要求上讲，由于原始现场保持了事故发生后的本来面貌，因此原始现场便于取得可靠资料。一般情况下，事故发生后应尽可能维持原始状态，即使是为了抢救受伤人员，也应注意尽量不触及与抢救无关的物体或痕迹。

3. 伪造现场

伪造现场指事故当事人为逃避责任或嫁祸于人，有意改变现场遗留物原始状态的现场，或为骗取保险赔偿费而刻意制造（摆放）了一个现场。

4. 逃逸现场

逃逸现场指事故当事人为逃避责任而驾车逃逸，导致事故现场原貌改变的现场。

5. 恢复现场

恢复现场是指事故现场撤离后，为分析事故或复查案件，需根据现场调查记录资料重新布置并恢复的现场。在保险查勘中，时常碰到被保险人或保险事故当事人对保险人现场查勘要求不甚了解，以至于对一些单方的车损事故未保存原始现场。然而保险人为了规避风险，通常要求被保险人或当事人提供原始现场，这就出现了恢复原始现场，即被保险人或当事人为了证明保险事故的真实性，而将保险车辆恢复到保险事故发生时的"原始"状况。为与前述的原始现场相区别，这种现场一般称为恢复现场。

12.1.2 机动车保险事故的类型

了解常见的交通事故类型对查勘员来说可以起到很大的作用。

1. 城市交通事故类

（1）直行事故。

市区非主要路口及边远郊区，由于没有安装红绿灯，直行车辆发生事故的概率较大，约占事故总数的30%。

（2）追尾事故。

多发生在遇红灯急停车时由于前后车距过近而追尾，或雨雾天气则追尾更为常见，约占事故总数13%。

（3）超车事故。

快速车在超慢速车时与对面车相撞，或与突然横穿的行人、骑车人相撞而导致；夜间超车时遇对向车炫目灯光，亦常造成事故。约占事故总数的15%。

（4）左转弯事故。

交叉路口左转弯时，交织点多，车与车、车与人的冲突可能性增大，常引发事故，约占事故总数的25%。

（5）右转弯事故。

巷道的进出口、单位大门的进出口和一些十字路口是右转弯事故的多发之处，约占事故总数的20%。

2. 山区公路交通事故类

（1）窄道事故。

由于公路等级低，加之塌方、损坏失修，多显路径狭窄。行驶车辆不减速、会车不礼让、抢先行，往往会导致事故。

（2）弯道事故。

行驶在弯道时，如果车速过快、超载或操作失误，则易造成事故。

（3）坡道事故。

行驶在坡道时，常见车辆前溜或后溜，这类车辆往往是超载车辆或"病"车，一旦操作失误，则难免发生事故。

3. 干线公路交通事故类

我国干线公路密布山区和乡镇，但较少画中心线和快慢分道线，由此引发常见事故。

（1）会车事故。

一般车辆均居路中行驶，一旦车速快而会车时不注意礼让，临近才避让，则往往会避让不及时，导致相撞。

（2）超车事故。

居路中行驶时，前有一方超车，倘若措施不及或操作失误则难免相撞。

（3）停车事故。

干线路窄而不可随意停车，尤其在夜间，一旦停车不开尾灯，或车周边未安置警示物，则过往车辆易与停车相碰撞而导致事故。

12.1.3 现场查勘的目的

1. 查明事故的真实性

(1) 指导客户填写《机动车保险简易赔案处理单》,要求驾驶人员填写详细的出险经过,了解事故发生的时间、地点、原因、经过及结果。

(2) 现场查勘。事故发生后,无论是机动车之间,还是车辆与固定的物体、或车辆与行人之间,甚至车辆自身的事故,都会或多或少地在车体上留下痕迹。

查勘员到达现场后须对现场的肇事车辆、地面、伤亡人员以及碰撞物体进行认真仔细的勘查,寻找和确定事故的接触部位,仔细观察事故痕迹和物证的形态和特征。根据当事人的描述、现场的细节,综合判断案件的真实性,排除非本次事故损失。对存在疑点或报案不符的事项做重点调查,必要时对当事人或目击人做询问笔录。

2. 确认标的车辆

(1) 查验保险单或保险卡。确认出险车辆是否在保险公司承保;是否在保险期间内;是否投保符合该案件保险责任的险种。

(2) 查验当事驾驶人员的驾驶证和机动车行驶证,以及临时移动证、临时牌照;检查驾驶人员是否有合格的驾驶证,查验驾驶证是否在有效期内,是否与准驾车种相符;核对驾驶证照片与驾驶人员是否一致;核对是否是保险单约定的驾驶人员驾驶车辆;特种车辆出险,查验驾驶人员是否有相关部门核发的操作证;查验行驶证是否已年检合格。

(3) 查明出险车辆的情况和车辆使用性质,包括核对保险车辆、三者车辆的车型、车牌、车架号、发动机号,并与保单及行驶证一一核对。如果车牌号一致,车架号、发动机号完全不同,立即向客户做笔录,查明实际情况,防止套牌骗取保险费。查验车辆是否运载危险品、是否超载。查验车辆结构有无改装或加装。对于挂车,应查验车头和挂车的两个牌照是否都在保险公司投保。

(4) 如果客户没有携带保险单或保险卡,可与保险公司客服联系,核对车辆信息。

(5) 如果行驶证或驾驶证被交警扣留,应查验暂扣证。

3. 确定标的车在事故中的责任

道路交通事故认定应当做到程序合法、事实清楚、证据确实充分、适用法律正确、责任划分公正。公安机关交通管理部门应当根据当事人的行为对发生道路交通事故所起的作用以及过错的严重程度,确定当事人的责任。

(1) 因一方当事人的过错导致道路交通事故的,承担全部责任。

(2) 因两方或者两方以上当事人的过错发生道路交通事故的,根据其行为对事故发生的作用以及过错的严重程度,分别承担主要责任、同等责任和次要责任。

(3) 各方均无导致道路交通事故的过错,属于交通意外事故的,各方均无责任。

公安机关交通管理部门应当自现场调查之日起10日内制作道路交通事故认定书。交通肇事逃逸案件在查获交通肇事车辆和驾驶人后10日内制作道路交通事故认定书。对需要进行检验、鉴定的,应当在检验、鉴定结论确定之日起5日内制作道路交通事故认定书。

发生死亡事故，公安机关交通管理部门应当在制作道路交通事故认定书前，召集各方当事人到场，公开调查取得证据。证人要求保密或者涉及国家秘密、商业秘密以及个人隐私的证据不得公开。当事人不到场的，公安机关交通管理部门应当予以记录。道路交通事故认定书应当由办案民警签名或者盖章，加盖公安机关交通管理部门道路交通事故处理专用章，分别送达当事人，并告知当事人向公安机关交通管理部门申请复核、调解和直接向人民法院提起民事诉讼的权利、期限。

12.1.4 图解典型交通事故责任认定

（1）如果掉头，记得一定要让直行车先行，如果发生剐蹭或碰撞，不让行的掉头车是要负全责的，图12-1所示的掉头车辆，就是典型的全责。

图12-1 掉头车负全责

（2）转弯车辆要让直行车先行，无论是左转还是右转，都是同理。千万不要以为右转时打开转向灯就可以转向了。如果直行车高速插入，发生事故，则右转车负全责。图12-2所示的右转车不让直行车，就是全责。

图12-2 右转车负全责

（3）在十字路口右转的车辆要让对面左转的车辆先行。图12-3所示的就是这种情况，右转车要让对面的白色车先行，否则剐蹭时右转车将负全责。

图12-3 右转车应让左转的车辆

(4）在没有信号灯的路口，要让司机右侧的车先行通过，否则就负全责，如图12-4所示，右侧车就是全责。

图12-4 没有信号灯的路口应让右侧的车辆先行

（5）在进入环岛时，要让环岛内的车先行，如图12-5所示。

图12-5 在进入环岛时，车辆要让岛内的车辆先行

（6）当两车同时向中间并线时，左侧车要让右侧车先行。图12-6所示的左侧车辆未让行右侧的车辆，因此在发生事故时负全责。

图12-6 当两车同时向中间并线时，左侧车要让右侧车辆先行

（7）在辅路的车要让主路车辆先行驶出主路，这里要和变线的情况区分开来。在变线时，切入的车辆要让行直行车，但是主路转到辅路的情况则是要优先让行主路车辆，如图12-7所示。

（8）停靠在路边的车辆，在开门时一定要注意后方来车，否则开门时一旦剐蹭到其他正常行驶的车辆，将负全责，如图12-8所示。

（9）超车时一定要从左侧超，右侧超车违规，如果发生事故，将负全责。图12-9中从右侧超车的车辆负全责。

图 12-7　辅路的车应让主路驶出的车辆先行

图 12-8　停靠在路边的车辆在开车门时，应让后边驶来的车辆先行

图 12-9　从右侧超车的车辆负全责

（10）不得超越正在超车的车辆。在看到右侧车前有障碍车时，一定要给它留出足够的空间，不然发生剐蹭时负全责，如图 12-10 所示。

图 12-10　不得超越正在超车的车辆

（11）在有障碍物的路段，无障碍物侧的一方先行；如果有障碍物侧的一方先驶入障碍路段，那么无障碍物侧一方要让行。有障碍物侧的车辆应让无障碍物侧的车辆，如图12-11所示。

图 12-11　有障碍物侧的车辆应让无障碍物侧的车辆

（12）当遇到狭隘的山路时，靠山体一侧的车要让不靠山体（即悬崖一侧）的一方先行。这是为了防止悬崖一侧的车因为让行而滑落山下。否则应负全责。

12.1.5　确定事故的保险责任和损失

1. 确定事故的保险责任

依据近因原则及案件调查后的结论，判定事故是否属保险责任，属何险种的赔偿范围。

2. 确认事故的损失

通过对受损车辆的现场查勘，分析损失形成的原因，确定该起事故中造成的标的车及第三者的损失范围。通过对第三者受损财物的清点统计，确定受损财物的型号、规格、数量以及受损程度，为核定损失提供基础资料。对损失较小者可以现场确定事故损失。

12.1.6　现场查勘的方法

1. 沿着车辆行驶路线查勘法

沿车辆行驶路线查勘法要求事故发生地点的痕迹必须清楚，以便能顺利取证、摄影、丈量与绘制现场图，进而能准确确定事故原因。

2. 从内向外查勘法

对于范围较小的现场，肇事车辆和痕迹相对集中，可以肇事车辆和痕迹集中的地点为中心，采取由内向外查勘的方法。此时，可由事故中心点开始，按由内向外顺序取证、摄影、丈量与绘制现场图，进而确定事故原因。

3. 从外向内查勘法

对于范围较大的现场，肇事车辆和痕迹物证相对分散，为防止远处的痕迹被破坏，可以从现场外围向中心即由外向内查勘。此时，可按由外围向中心的顺序取证、摄影、丈量与绘制现场图，进而确定事故原因。

4. 分段查勘法

对于车辆痕迹比较分散的重大事故现场，可以从事故发生的起点向终点分段推进勘查或从痕迹、物证容易受到破坏的路段开始查勘。现场查勘的重点是搜集和提取能够判明事故发生原因和责任的痕迹、物证。

12.2 现场查勘的流程

现场查勘是指运用科学的方法和现代技术手段，对保险事故现场进行实地勘察和查询，将事故现场、事故原因等内容完整而准确地记录下来的工作过程。现场查勘是查明险事故真相的重要手段，是分析事故原因和认定事故责任的基本依据，也为事故损害赔提供了证据。所以，各保险公司建立了一系列科学合理的服务网络，配备了完善的查勘工具，有一定数量且经验丰富的查勘员，以保证现场查勘工作的快速、有效。

查勘员所采用的现场查勘技术是否科学、合理，是现场查勘工作成功与否的关键，直接关系到事故原因的分析与事故责任的认定，以及后续定损的依据。现场查勘工作是提高保险公司信誉，把好理赔出口关的重要环节。现场查勘工作质量的好坏，直接影响保险合同双方当事人的利益。在现场查勘过程中，查勘员要尊重事实，严格按照国家有关法规及保险条款办事，掌握和熟悉现场查勘方法，妥善解决各类现场查勘中的实际问题。

现场查勘是车辆保险事故处理过程中一个重要的程序，是收集证据的重要手段，是准确立案、查明原因、认定责任的依据，也是保险赔付的重要依据。因此，现场查勘在保险事故处理过程中的意义十分重大，地位非常重要。

12.2.1 对查勘员的基本要求

查勘员的工作是理赔流程中的现场查勘、填写查勘报告和初步确定保险责任，是整个理赔工作的中前期工作。它关系到本次事故是否是保险事故、是否应该为保险人立案，从而关系到保险人的赔款准备金等。

查勘工作未做好，整个理赔工作就会很被动，后面的工作甚至无法进行，所以现场查勘工作是保险理赔工作的重中之重。由于现场查勘涉及众多保险知识和汽车知识，并且查勘员又是外出独立工作，所以对现场查勘员有下列要求：

1. 良好的职业道德

查勘工作的特点是与保险双方当事人的经济利益直接相关，而它又具有相对的独立性和技术性，从而使查勘员具有较大的自主空间。个别修理厂、被保险人会对查勘员实施各种方式的利诱，希望虚构、谎报或高报损失，以获得不正当利益。因此，对查勘员的职业道德要求就需要查勘员做到以下几点：

（1）查勘员要加强自身修养，使自己树立起建立在人格尊严基础上的职业道德观念。

（2）公司也要加强内部管理，建立和完善管理制度，形成相互监督和制约的机制（如双人查勘、查勘定损分离等）。

（3）采用定期和不定期审计和检查方式，对查勘员进行评价；经常走访修理厂和被保险人，对被保险人进行问卷调查以了解查勘员的工作情况。

（4）加强法治建设，维护法律的尊严，维护公司的合法利益，加大执法力度，对于违反法律的查勘应予以严厉的处分。

（5）实施查勘员准入制度，使查勘员的收入和劳动与技术输出相匹配，实行绩效考核制度。

2. 娴熟的专业技术

机动车查勘员需要具备的专业技术，主要包括机动车构造和修理工艺知识，与交通事故有关的法律法规以及处理办法，机动车保险的相关知识。这些都是一名查勘员在分析事故原因、分清事故责任、确定保险责任范围和确定损失时所必需的知识。

3. 丰富的实践经验

丰富的实践经验有助于查勘员准确地判断损失原因，科学而合理地确定修理方案。此外，在事故的处理过程中，丰富的实践经验对于施救方案的确定和残值的处理也会起到重要的作用。同时，丰富的实践经验对于识别和防止日益突出的道德风险和保险欺诈有着十分重要的作用。

4. 灵活的处理能力

尽管查勘员是坚持以事实为依据，以保险合同及相关法律法规为准绳的原则和立场开展工作的。但是，有时各个关系方由于利益和角度的不同，往往会产生意见分歧，甚至冲突。而焦点大都集中表现在查勘员的工作上，所以，查勘员应当在尊重事实、尊重保险合同的大前提下，灵活地处理保险纠纷，尽量使保险双方在"求大同，存小异"的基础上对保险事故形成统一的认识，使案件得到顺利的处理。

12.2.2 查勘现场的要求

1. 及时迅速

现场查勘是一项时间性很强的工作，故赶赴现场必须迅速、及时。现场查勘要力争在发案后短时间内遗留的痕迹、物证明显清晰的有利条件下抓紧进行，绝不能拖延时间，否则，可能会造成由于人为和自然的原因而使现场遭到破坏，失去查勘良机，贻误收集证据的时间，给事故的调查、处理工作带来困难。所以事故发生后，查勘员要用最快的速度赶到现场。

2. 细致完备

现场查勘是事故处理程序的基础工作。现场查勘一定要做到细致完备、有序。细致地查勘现场是获取现场证据的关键。在查勘过程中，查勘员不仅要注意发现那些明显的痕迹证物，而且特别要注意发现那些与案件有关的不明显的痕迹证物。查勘员切忌走马观花、粗枝大叶，以免由于一些意想不到的过失而使事故变得复杂，将事故处理陷于困境。查勘员还应特别注意当事人对事故的叙述是否符合常理（事故逻辑）。

3. 客观全面

在现场查勘过程中，查勘员一定要坚持客观、科学的态度，要遵守职业道德。在实际中可能出现完全相反的查勘结论，查勘员要积极地加以论证，要尽力防止和避免出现错误的查勘结果。

4. 文明服务

在现场查勘过程中，查勘员要爱护公私财物，尊重被询问、访问人的权利，尊重当地群众的风俗习惯，注意社会影响，维护公司形象。

12.2.3 现场查勘的准备

1. 查阅抄单

（1）保险期间。

查勘员根据报案信息，查验保单，确认出险时间是否在保险期间之内。对于出险时间接近保险起止时间的案件，查勘员要做出标记，并将其列为疑似案件，重点进行核实。

（2）承保的险种。

查勘员在查验保单记录时，重点注意以下问题：

①车主是否只承保了机动车第三者责任险。

②对于报案称有人员伤亡的案件，注意车主是否承保了车上人员责任险，车上人员责任险是否为指定座位。

③对于由火灾引发的车损案件，是否承保了自燃损失险。

④对于与非机动车碰撞的案件，是否承保了无过失责任险。

（3）新车购置价、保险金额、责任限额。

查勘员应记住抄单上的新车购置价，以便现场查勘时对比保单金额与实际新车购置价是否一致。从抄单的新车购置价和保险金额上可以确定投保比例，查勘员应注意各险种的保险金额和责任限额，以便做到现场查勘时心中有数。

（4）交费情况。

查勘员应注意保险费是否属于分期付款，是否依据约定缴足了保险费。

2. 阅读报案记录

查勘员应重点注意以下信息，下述内容不应有缺失，如有缺失应向接报案人了解缺失原因及相应的情况。

（1）被保险人名称，保险车辆车牌号、车型。

（2）出险时间、地点、原因、处理机关、损失概要。

（3）被保险人、驾驶人员及当事人联系电话。

（4）查勘时间、地点。

3. 携带查勘资料及工具

（1）资料。

资料主要包括出险报案表、保单抄件、索赔申请书、报案记录、现场查勘记录、索赔须知、询问笔录、事故车辆受损确认书。

（2）工具。

查勘用的工具主要包括数码相机、手电筒、卷尺、砂纸、医药箱、反光背心、三角警示牌、录音笔、签字笔、记录本及查勘车等。

4. 现场查勘（调查取证）的主要内容

（1）核实出险时间。

出险时间的确定非常重要，它关系到是否属于保险责任。查明出险时间的主要目的是判断事故是否发生在保险期间内。查勘员对接近保险期间起止时间的案件应特别注意，要做出标记，列为疑似案件，并应认真取证，重点进行查实，排除道德风险。

为了获得真实出险时间，查勘员应仔细核对公安部门的证明及向当地群众了解的事故情况与当事人的陈述时间是否一致，同时要详细了解车辆的启程时间、返回时间、行驶路线与目的、伤者住院治疗时间等，并核实是否符合客观实际。如果涉及装载货物出险的，还要了解委托运输单位的装卸货物时间及货运单等。

查勘员应对出险时间和报案时间进行比对，核实两者间隔是否在 48 小时之内。如果报案时间已远在出险时间之后，譬如是出险后第二天报的案，则还应重点查实报案延后的主客观因素，是否存在主观意识上的故意（包含无证或酒后驾驶后驾驶人员顶替、伪造现场等本可以是被拒赔或减赔的客观事实）。

确定出险时间有时还可对事故原因的判断提供帮助。在一些特定时间（如每天尤其是节假日的 12 点至 15 点、18 点至 22 点、23 点至次日凌晨 2 点），对一些特定的驾驶群体，出险后应考虑其是否存在酒后驾车问题，并设法与公安机关交通管理部门人员一起取证。

（2）核实出险地点。

出险地点分为高速公路、普通公路、城市道路、乡村便道和机耕道、场院及其他，查勘员在查勘时要详细写明。查勘员查明以上出险地点，主要是判断事故是否在此处发生；如果不是，要查明变动的主客观原因。尤其是对擅自移动出险地点或谎报出险地点的，必须排除道德风险。同时，确定出险地点还可确定车辆是否超出保单所列明的行驶区域，是否属于在责任免除地发生的损失，如车辆在营业性修理场所、收费停车场出险等。

（3）核实出险车辆。

查勘员在查明出险车辆的情况时，首先是查明车型、牌照号码、发动机号码、车架号（VIN）、行驶证，详细记录事故车辆已行驶里程、车身颜色，并与保险单或批单核对是否相符。同时，要查实车辆出险时的使用性质是否与保险单记载的一致，以及是否运载危险品，车辆结构有无改装或加装。如果是与第三方车辆发生事故，还应查明第三方车辆的基本情况。

（4）核实驾驶人员情况。

查勘员在查勘时，要查清驾驶人员（包括多方肇事者）的姓名、驾驶证号码、准驾车型、初次领证时间、职业类型等。查勘员主要核实驾驶人员的以下内容：

①驾驶证的有效性及真伪。

②是否为被保险人或其允许的驾驶人员。

③是否为保险合同中约定的驾驶人员。

④查验驾驶人员的准驾车型与实际是否相符。

⑤在查勘高速公路车险事故时，务必注意查验驾驶人员初次领证时间，确定其是否在实习期内。

⑥特种车辆出险要查验驾驶人员是否具备国家有关部门核发的有效证件。

⑦对驾驶营运客车的驾驶人员要查验是否具有国家有关行政管理部门核发的有效资格证。

（5）出险原因与事故经过。

出险原因必须是近因，近因原则是保险的基本原则。如果近因是保险责任，则是保险事故；反之，则不是保险事故。所以，查明事故原因是现场查勘的重点，对此查勘员要深入调查，利用现场查勘技术进行现场查勘，并采取多听、多问、多看、多想、多分析的办法，索取证明，收集证据，对凡是与事故有关的重要情节，都要尽量收集以反映事故全貌，进而全面分析事故出险原因是否属于保险条款列明责任。

当驾驶人员有饮酒、吸食或注射毒品、被药物麻醉后使用被保险车辆或无照驾驶、驾驶车辆与准驾车型不符、超载等嫌疑时，查勘员应立即协同公安机关交通管理部门获取相应证人证言和检验证明。

对于所查明的事故原因，查勘员应说明是客观因素还是人为因素，是车辆自身因素还是车辆以外因素，是违章行驶还是故意违法行为。对于复杂或有疑问的理赔案件，查勘员要走访有关现场见证人或知情人，了解事故真相，做出询问记录，载明询问日期和被询问人地址并由被询问人确认签字。对于造成重大损失的保险事故，如果事故原因存在疑点难以断定，查勘员应要求被保险人、造成事故的驾驶人员、受损方对现场查勘记录内容进行确认并签字。

事故发生的经过及原因，原则上要求当事驾驶人员自己填写，如驾驶人员不能填写，要求被保险人或相关当事人填写。查勘员将出险经过、原因与公安交通主管部门的事故证明（如责任认定书）做比对，表述的内容应基本一致，或与保险责任相关的主要关键内容一致，否则，应找当事人和公安机关交通管理部门重新核实产生不一致内容的原因。如果当事人所述的出险经过及原因不符合事实逻辑，原则上应以调查的事实为依据，以公安机关交通管理部门的证明为依据。

（6）事故处理机关。

事故处理机关为核对事故证明提供原始凭证，特别是非道路交通事故，一定要注明。

（7）财产损失情况。

查勘时应查清受损车辆、承运货物和其他财产的损失情况及人员伤亡情况；查清事故各方所承担的事故责任比例，确定损失程度。

①车损情况。

查勘员应会同被保险人详细记录、确认标的车损失情况，注意列明非标的车原车设备，如轮眉、附加音响、出租车计价器、防护网等外观装饰物；对于投保附加设备险的车辆将附加险设备损失单独列明。主要填写车辆损失部位、损失清单、修理方式附车辆损失情况核定表，并根据车损情况一一加以分析、认证、核实。查勘员要懂得碰撞力学，能对车险事故车受损进行碰撞力学分析，根据碰撞力学原理，从车损变形程度倒推分析造成该种损失程度将是怎样的一种受力过程，与当事人叙述的是否吻合，以此来判断事故的真实性。

②第三者车损情况。

查勘员应会同被保险人与第三者，详细记录并确认车辆损失情况，这里主要填写损失部位。损失清单、修理方式在下面单独说明。

③标的车车上货物损失。对于投保车上货物责任险的案件，查勘员应记录受损物的品名、规格、型号数量、发运地点、发票、运单、货单、生产厂家、厂址。对于损失较小的案件，车险现场查勘员可直接评定损失；对于损失较大的案件应报告给重案人员处理。

④第三者物损。对于第三者车上物损和固定物损，对其车上物损的查勘与对标的车上物损的查勘相同；对固定物损失，若损失较小，如交通设施、行道树等，各级当地政府和有关部门都有赔偿标准（应是物价部门核定的标准，否则，同样要进行核定），则记录下受损物品的规格、型号、数量，若损失较大，则应将案件报告给重案人员处理。

（8）人员伤亡情况。

首先，明确伤亡人员的关系，核实哪些属于本车人员；他们的姓名、性别、年龄；他们与被保险人、驾驶人员的关系以及受伤人员的受伤程度；等等。其次，明确哪些人员属于对方人员，他们的姓名、性别、年龄以及受伤人的受伤程度；等等。这可为医疗核损人员提供查勘核损的原始依据。

（9）施救情况。

施救受损财产是查勘员的义务，所以查勘员在到达事故现场后，如果险情尚未得到控制或被保险车辆及人员尚处在危险之中，应确定合适的施救方案并采取积极的施救措施，以防损失进一步扩大。

施救费用是指当保险标的遭遇保险责任范围内的灾害事故时，被保险人或其代理人、雇用人员等采取必要、合理的措施进行施救，以防止损失的进一步扩大而支出的费用。施救费用的确定要严格按照条款规定事项，严格审核把关。

12.2.4 事故现场笔录

1. 询问和访问的准备工作

做好询问和访问前的准备工作是保证询问和访问工作顺利进行的前提。查勘员的准备工作主要有以下几点：

（1）查勘员应先熟悉现场的基本情况，并对询问和访问的内容做出全面的考虑，如在访问中可能遇到什么问题、应采取什么方法、注意哪些问题等。

（2）对于比较复杂的重大事故，应先研究制定访问提纲，明确访问的重点、步骤和方法，必要时应了解被询问人的社会经历、文化程度、性格等。

2. 询问的方法和重点问题

发生重大肇事事故的当事人，一般在思想上顾虑重重，在介绍事故经过时，常常掩盖事实真相，不吐实情，故在对其在询问前，查勘员应告知被询问人要如实回答问题，不得隐瞒事实和编造假情况。查勘员应根据需要审查的问题，逐一问清楚，尤其是关键性的问题不能一谈而过，一定要深追细问，直到把问题查清为止。查勘员在询问时，应重点询问以下问题：

(1) 事故发生的时间、地点，乘车人数及载物名称、数量。

(2) 发生事故时道路的交通状况。

(3) 双方车辆（人）在道路上各自行驶（走）的方向、位置及速度。

(4) 在发生事故前，当事各方发现自己与对方和关系方的距离，发现险情后采取哪些措施。

(5) 当事人自述发生事故的经过。

(6) 车、人的碰撞、碾压部位，车、人的损失情况。

(7) 在行车中是否发觉车辆机件有异常现象。

(8) 当事人陈述发生事故的具体原因及其对事故的看法。

(9) 走访证人时，应详细询问其在发生事故前、后听见的情况。

(10) 查实是否有重复保险，是否存在道德风险。

对重大、复杂的案件或有疑问的案件，查勘员尤其应注意通过对当事人双方的询问，来证实事情的真实情况。询问记录应注重证明询问日期和被询问人地址，并由被询问人确认和签字。

12.2.5 现场查勘工作

现场查勘工作主要包括收取物证、现场摄影及绘制现场图等，下面将逐一介绍。

1. 收取物证

物证是分析事故原因最为客观的依据。收取物证是现场查勘的核心工作。事故现场物证的类型有散落物、附着物和痕迹。

(1) 散落物。

散落物可分为车体散落物、人体散落物及他体散落物3类。车体散落物主要包括零件、部件、钢片、木片、漆片、玻璃、胶条等；人体散落物主要包括事故受伤人员的穿戴品、携带品、器官或组织的分离品等；他体散落物主要包括事故现场人、车之外的物证，如树皮、断枝、水泥、石块等。

(2) 附着物。

附着物可分为喷洒或黏附物、创痕物与搁置物3类。喷洒或黏附物主要包括血液、毛发、纤维、油脂等；创痕物主要包括油漆微粒、橡胶颗粒、热熔塑料涂膜、反光膜等；搁置物主要包括织物或粗糙面上的玻璃颗粒等。

(3) 痕迹。

①痕迹的分类

不同的痕迹各有其形状、颜色和尺寸，往往是某些事故过程的直观的反映，因此是事故现场物证收集的重点。痕迹可分为：

a. 地面轮胎痕迹：当车辆轮胎相对于地面做滚动、滑移等运动时，留在地面上的印迹，主要包括轮胎滚印、压印、拖印和侧滑印等。

• 滚印：当车辆轮胎相对于地面作纯滚动运动时，留在地面上的痕迹，可以显示出胎面花纹。

• 压印：当车辆轮胎受制动力作用，沿行进方向相对于地面做滚动、滑移的复合运动时，留在地面上的痕迹。其特征为胎面花纹痕迹在车辆行进方向有所延长。

• 拖印：当车辆轮胎受制动力作用，沿行进方向相对于地面滑移运动时，留在地面上的痕迹。其特征为带状，不显示胎面花纹。通过拖印与路面情况可推断出事故前的车速，并可通过汽车制动距离与车速的关系推断出出险时的车速。

• 侧滑印：当车辆轮胎受制动力作用，在车速、车辆装载、制动系、轮胎、道路及路面等因素的影响下偏离原行进方向，相对于地面做斜向滑移运动时，留在地面上的痕迹。其特征为印迹宽度一般大于轮胎胎向宽度，不显示胎面花纹。

b. 车体痕迹：车辆在交通事故中与其他车辆、人体、物体相接触，留在车辆上的印迹，主要包括车与车之间的碰撞痕迹、车与地面之间的撞砸与擦刮痕迹、车与其他物体间碰撞与擦刮痕迹。车与车之间的碰撞痕迹包括车辆正面与正面、正面与侧面、追尾等的碰撞痕迹；车与其他物体间碰撞与擦刮痕迹主要由车与路旁建筑物、道路设施、电杆、树木等的接触产生。

c. 喷溅痕迹：人员在交通事故中与车辆、道路、物体接触时，留在伤亡人员衣着和体表上的印迹。涂污与喷溅痕迹主要包括油污、泥浆、血液、汗液、组织液等的涂污与喷溅。

肇事机动车前部痕迹一般反映在前保险杠、前照灯、散热器、风窗玻璃和翼子板等处；侧面痕迹重点是在翼子板外侧、后视镜、车门、轮胎侧面、挡泥板等处；底盘痕迹重点是在转向横竖拉杆、前后轴、曲轴箱外壳、排气管等处。当对肇事车辆进行查勘时，查勘员应重点查勘上述部位有无新鲜擦蹭痕迹，并应进行拍照留证，并详细记录痕迹的部位、形态、面积、距地面的高度。

对于条状痕迹，应记录其长度和宽度、起始部位，以便认定肇事瞬间双方的接触位置、运动方向；对车辆驾驶室内的痕迹，应重点记录车辆档位、车钥匙位置、灯光开关的档位、制动气压表的刻度，必要时应对肇事车进行全面的检测，检验其安全性能是否合格。

机动车保险事故种类繁多，形式各种各样，除机动车与机动车相撞最为常见以外，机动车由于操作不当、路况不好、机件失灵引发的独立撞损事故或者由线路故障引起的车辆自燃烧毁事故也经常发生。查勘员应该认真研究、分析现场及车辆的有关痕迹、物证，同时注意听取、分析驾驶人员、目击者的陈述和证言，通过认真地查勘、检验鉴定，查清事故真相。查勘此类事故现场时，查勘员除应详细记录现场及车辆的有关痕迹、物证外，还要将其与现场环境、被撞击物上的痕迹相对应，对车辆有关机件的安全性也应进行检查、记录。

在查勘被烧毁的车辆时，查勘员应重点查勘车辆底盘油管、油箱有无被撞击痕迹，行车路线上有无石块等妨碍安全行车的凸起物，车辆上的起火点和火势蔓延方向；同时注意检查记录事故车辆发动机号、车架号，以便确定其是否属于保险责任车辆。

查勘员应尽可能在第一现场进行初次检验工作，如果第一现场已经清理，必须进行第二现场检验的，应注意调查了解车辆转移的有关情况，尽可能还原事故现场情况。对于第二现场情况存有疑问的，查勘员可以到交通事故处理部门调查并将相关信息与事故第一现场的情况进行核实。

②各类痕迹、物证查勘的具体要求。

a. 地面轮胎痕迹。

查勘地面轮胎痕迹的种类、形状、方向、长度、宽度，痕迹中的附着情况，以及轮胎的规格、花纹等；逃逸事故现场应勘验肇事逃逸车辆两侧轮胎痕迹的间距和前后轮胎痕迹止点的间距，判明肇事逃逸车辆的类型的行进方向；查勘滚印、压印、拖印、侧滑印分段点外侧相对于路面边缘的垂直距离，痕迹与道路中心线的夹角，痕迹的滑移、旋转方向、角度；对滚印、压印、拖印、侧滑印迹及痕迹的突变点应分别查勘，对弧形痕迹应分段查勘，对由轮胎跳动引起的间断痕迹应作为连续痕迹查勘，根据需要记录间断痕迹之间的距离。

b. 车体痕迹。

·查勘车体上各种痕迹产生的原因。查勘车辆与其他车辆、人员、物体第一次接触的部位和受力方向，确定另一方相应的接触部位。

·查勘车体上各种痕迹的长度、宽度、凹陷程度，痕迹上、下边缘距离地面的高度，痕迹与车体相关一侧的距离。

·查勘车辆部件损坏、断裂、变形情况。车辆起火燃烧的，应确定火源起点。

·对与车辆照明系统有关的交通事故，应提取车辆的破碎灯泡和灯丝。

·对车辆与人员碰撞的交通事故，要特别注意查勘、提取车体上的纤维、毛发、血迹、类人体组织、漆片等附着物。

·对需要确定车辆驾驶人员的交通事故，应提取转向盘、变速杆、驾驶室门和脚踏板等处的手、足痕迹。

③其他痕迹及物证。

a. 查勘行道树、防护桩、防护栏、桥栏等固定物上痕迹的长度、宽度、深度及距离地面的高度。

b. 根据需要提取有关部件碎片，拼复原形，留作物证。

c. 对逃逸事故现场，应提取现场遗留的所有与交通事故有关的痕迹物证。

现场物证是证明保险事故发生的最客观的依据，也是确定是否为保险责任的依据。收取物证是查勘第一现场最核心的工作，如对散落车灯、玻璃碎片、保险杠碎片及各种油料痕迹、轮胎痕迹等查勘。

当查勘结束后，查勘员按规定据实详细填写现场查勘记录，并将查勘的情况与被保险人和修理人交流，必要时可以要求被保险人对于查勘的初步结果进行认定并签字确认。

2. 现场摄影

（1）现场摄影技术。

现场摄影是真实记录现场和受损标的的客观情况的重要手段之一。它比现场图和文字记录更直观，是处理事故的重要证据。因此，现场摄影已成为现场查勘中的一项重要工作。

①现场摄影的原则。

对事故现场进行摄影时一般应遵循以下原则：应有反映事故现场全貌的全景照片；应有反映受损车辆号牌及受损财产部位和程度的近景照片，要有某些重要局部（比如保险标的发动机号码）的特写照片；应坚持节省的原则，以最少的照片数量反映最佳的事故现场效果。

②现场摄影的方式。

现场摄影时，应根据事故的实际情况和具体的拍摄目的选择不同的拍摄方式，常见的现场摄影方式如下：

a. 方位摄影：以事故车辆为中心反映周围环境情况的摄影方式。从远距离采用俯视角度拍摄交通事故发生地周围的环境特征和现场所处位置，视角应覆盖整个现场范围，一张照片无法包括的，可以使用回转连续拍摄法或者平行连续拍摄法拍摄。此方式重在突出事故现场的全貌，目的是反映出事故车辆与其他物体之间的相互关系。

b. 中心摄影：以事故接触点为中心反映事故接触的各部位及其相关部位的摄影方式。在较近距离拍摄交通事故现场中心、重要局部、痕迹的位置及有关物体之间的联系。此方式重在突出拍摄现场的中心地段，目的是反映出事故损坏部位及其相关部位的特点、状态。

c. 细目摄影：分别对事故中的具体损失物体进行的摄影方式。采用近距或微距拍摄交通事故现场路面、车辆、人体上的痕迹及有关物体特征。照相机镜头主光轴与被摄痕迹面相垂直。视角应当覆盖整个痕迹，一张照片无法覆盖的，可以分段拍摄。此方式重在突出各个具体物证，目的是反映出重要物证的大小、形状、特征。

d. 概览场景摄影：从中远距离采用平视角度拍摄交通事故现场的摄影方式。以现场中心物体为基点，在现场道路走向的相对两向位或者多向位分别拍摄。其成像中各物体间的相对位置应当基本一致，上一个视角的结束部分与下一个视角的开始部分应有联系。

③现场摄影的方法。

a. 相向拍摄法：从两个相对的方向对现场中心部分进行拍摄。该方法可较为清楚地反映现场中心两个相对方向的情况。

b. 十字交叉拍摄法：从4个不同的地点对现场中心部分进行交叉的拍摄。该方法可从前、后、左、右4个角度准确反映现场中心情况。

c. 连续拍摄法：对面积较大的事故现场分段拍摄。为获得事故现场完整的照片，需对分段照片进行接片，所以在分段拍摄时，各照片取景应略有重合，并要求拍摄时采用同样的拍摄距离和光圈等。

d. 比例拍摄法：将带有刻度的尺子放在被损物体旁边进行拍摄。该方法可确定被摄物体的实际大小和尺寸，常用于对痕迹、碎片以及微小物证的拍摄。

④查勘摄影的一般要求。

a. 能够提供第一现场，要求拍摄第一现场的全景照片、痕迹照片、物证照片和特写照片。

b. 要求拍摄能够反映车牌号码与损失部分的全景照片。

c. 要求拍摄能够反映局部损失的特写照片。

d. 查勘照相是固定、记录交通事故有关证据材料的重要手段，照相内容应当与交通事故查勘笔录的有关记载一致。查勘现场时，可根据需要和实际情况确定拍摄项目。

e. 交通事故查勘照相中应当客观、真实、全面地反映被摄对象。

f. 查勘照相不得有艺术夸张，应影像清晰、反差适中、层次分明。

g. 现场照相应尽量使用标准镜头，以防成像变形。

h. 在拍摄痕迹时，应当在被摄物体一侧同一平面放置比例标尺。比例标尺的长度一般为50 cm。当痕迹长度大于50 cm时，可用卷尺作为比例标尺。

5. 查勘摄影照相的具体要求。

a. 准确反映出险地点全貌，如图12-12所示。

图12-12　准确反映出险地点全貌

b. 准确反映出险地点地理位置的标示。例如，标志性建筑、路牌、楼牌、交通指示牌。

c. 准确反映事故发生路线与重点起因，如图12-13所示，需要按车辆顺行方向拍摄。

图 12-13 准确反映事故发生路线与重点起因

d. 准确反映受损车辆及其与外物接触的部位的高度、面积、形状,如图 12-14 所示。

图 12-14 准确反映受损车辆及其与外物接触部位的高度、面积、形状

e. 准确反映施救情况,如图 12-15 所示。

图 12-15 准确反映施救情况

f. 详细记录现场痕迹。例如,撞击点、散落物、轮胎印迹、刹车印迹、路面擦划痕迹、撞击物痕迹和车体痕迹等。图 12-16 所示为轮胎印迹与撞击点。图 12-17 所示为撞击物痕迹与车体痕迹。

图 12-16 轮胎印迹与撞击点

图 12-17 撞击物痕迹与车体痕迹

g. 整车拍摄的基本要求：45°拍摄，能反映车型全貌，清晰显示车牌号码，可以看到损失部位，如图 12-18 所示。

图 12-18 整车拍摄

h. 车架号（VIN）的拍摄要求：17 位码完全，不缺号，号码清晰可辨，如图 12-19 所示。

i. 受损部位及受损程度的拍摄要求：能清晰反映受损部位的外貌和受损程度；对于比较隐蔽或较为微小的损失部位，还应当针对该部位进行近距离局部拍摄，如图 12-20

所示。

图 12-19 车架号（VIN）的拍摄

图 12-20 受损部位及受损程度的拍摄

3. 绘制现场图

绘制现场图前，要认定与事故有关的物体和痕迹，然后逐项做好记录。

（1）现场图的意义。

现场图是以正投影原理的绘图方法绘制的，实质上是一张保险车辆事故发生地点和环境的小范围地形平面图。根据现场查勘要求必须迅速全面地把现场的各种交通元素、遗留痕迹、道路设施以及地物地貌，用一定比例的图例绘制在平面图纸上。

事故现场的方位以道路中心线与指北方向的夹角来表示。如果事故路段为弯道，以进入弯道的直线与指北方向夹角和转弯半径表示。

现场图的基本内容包括以下几个方面：

①表明事故现场的地点和方位，现场的地物地貌和交通条件。

②表明各种交通元素以及与事故有关的遗留痕迹和散落物的位置。

③表明各种事物的状态。

④表明事故过程，车、人、畜的动态。

现场图是研究分析出险事故产生原因、判断事故责任、准确定损、合理理赔的重要依据。现场图不仅是能使绘图者看懂，更重要的是能使别人看懂，使没有到过出险现场的人能从现场图中了解到出险现场的概貌。

通常查勘第一现场时须绘制现场图，非第一现场一般已不具备绘制现场图的条件。机动车保险中第一现场查勘时发现出险事故多为单方事故，现场查勘图无判断事故为哪一方责任的意义，只是为了反映现场状况，使他人通过现场图能够对事故现场状况有一个总体的认识。

（2）现场图的种类。

现场图根据制作过程可分为现场记录图和现场比例图两种。

①现场记录图。现场记录图是勘查交通事故现场时对现场环境、事故、形态有关车辆、人员、物体、痕迹的位置及其相互关系所做的图形记录。它是现场查勘的主要记录资料。由于现场记录图是在现场绘制的，而且绘图时间短，因此就不那么工整，但内容必须完整，物体的位置和形状、尺寸、距离的大小要成比例，尺寸数字要准确。出图前发现问题，可以修改、补充。在一般情况下，通过平面图和适当的文字说明，即可反映出出险事故现场的概貌。有时，为了表达出险事故现场的空间位置和道路纵、横断面几何线形的变化，也常采用立面图和纵横剖面图。

②现场比例图。为了更形象、准确地表现事故形态和现场车辆、物体、痕迹，根据现场记录图和其他勘查记录材料，采用规范图形符号和按一定比例重新绘制的交通事故现场全部或局部的平面图形。

现场比例图是根据现场记录图所标明的尺寸、位置，选用一定比例，按照绘图要求，工整、准确地绘制而成的正式现场比例图。它是理赔或诉讼的依据。

（3）绘图的一般要求。

①绘制现场图时力求内容全面、客观，但要简便。现场记录图是记载和固定交通事故现场客观事实的证据材料，应全面、形象地表现交通事故现场客观情况。但对于一般案情简明的交通事故，在能够表现现场客观情况的前提下，可力求制图简便。

②绘制现场图时需要做到客观、准确、清晰、形象。绘制各类现场图时需要做到客观、准确、清晰、形象，图栏中各项内容填写齐备，数据完整，尺寸准确，标注清楚。用绘图笔或墨水笔绘制、书写。

③现场记录图应以正投影俯视图形式表示。

④交通事故现场周围各类图形应按实际方向绘制。

⑤现场记录图应标明交通事故现场的方向，应按实际情形在现场图右上方用方向标标注；难以判断方向的，可用"←"或"→"直接标注在道路图例内，注明道路走向通往的地名。

⑥图线宽度的要求：在 0.25～12.00 mm 之间。同一图中同类图形符号的图线应基本一致。

⑦绘制现场图的图形符号应符合国家标准。绘制现场图的图形符号应符合《道路交通事故现场图形符号》（GB 11797—2005）的规定。《道路交通事故现场图形符号》中未作规定的，可按实际情况绘制，但应在说明栏中注明。

⑧现场图的比例。绘制现场比例图时可优先采用1∶200的比例，也可根据需要选择其他比例；绘制比例应标注在图中比例栏内。

⑨尺寸数据与文字标注。现场数据以图上标注的尺寸数值和文字说明为准，与图形符号选用的比例、准确度无关；图形中的尺寸，以厘米（cm）为单位时可以不标注计量单位，如采用其他计量单位时，必须注明计量单位的名称或代号；现场丈量的尺寸一般只标注一次，需更改时应做好记录；标注文字说明应当准确简练，一般可直接标注在图形符号上方或尺寸线上方，也可引出标注。

⑩尺寸线和尺寸界线。尺寸数字的标注方法参照《总图制图标准》（GB/T 50103—2010）的规定；尺寸线用细实线绘制，其两端可为箭头形，在没有位置时也可用圆点或斜线代替。尺寸界线用细实线绘制，一般从被测物体、痕迹的固定点引出；尺寸界线一般应与尺寸线垂直，必要时才允许倾斜。

（4）现场记录图的绘制要求。

①现场记录图以平面图为主，局部情况应按要求进行绘制。

②现场绘图时应注意绘制以下内容：

a. 基准点（选择现场1个或几个固定物）和基准线（选择一侧路缘或道路标线）。

b. 道路全宽和各车道宽度、路肩宽度及性质。

③绘制的现场记录图应反映出现场全貌。现场范围较大的可使用双折线压缩无关道路的画面。

④现场记录图中的各物体、痕迹、标线、基准点、基准线等应等间距，一般使用尺寸线、尺寸数据标注或说明，必要时可使用尺寸界线。

⑤现场图绘制完毕后，必须在现场进行审核，检查有无基准点、基准线及第一冲突点；各被测物体及痕迹有无遗漏；测量数据是否准确，有无矛盾等。

⑥现场记录图应在事故现场测绘完成。

（5）现场比例图的绘制要求。

①现场比例图作为证据，是现场记录图的补充和说明。图12-21所示为现场记录图示例。图12-22所示为现场比例图示例。

②现场比例图以现场记录图、现场查勘记录所载的数据为基础和依据，以现场记录图中的基准点和基准线为基准，用俯视图表示。其使用相应的图形符号，将现场所绘制的图形及数据按比较严格的比例绘制。

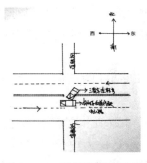
图 12-21　现场记录图示例

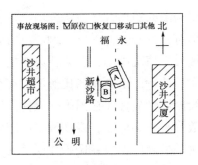
图 12-22　现场比例图示例

12.2.6　撰写现场查勘报告

查勘员根据现场查勘情况，填写《机动车理赔现场查勘记录》，并根据现场查勘记录，依据保险条款，全面分析主客观原因，初步确立是否属于保险责任，如果属于保险责任则确定涉及险种。必要时，如遇重特大案件、疑似造假案件等时，一定要详细填写查勘报告，并提出论点。

向电话报案的被保险人提供出险机动车保险出险通知书，同时，根据报案与现场查勘情况，在保险事故索赔须知上注明索赔时需要提供的单证和证明材料后将其交给被保险人，并对被保险人进行必要的事故处理和保险索赔的指导。

12.2.7　查勘信息录入

随着客户维权意识和索赔意识的提高，保险公司查勘的要求也必须相应提高。查勘员对于当天查勘的案件必须在 24 小时内录入保险车辆理赔管理系统。根据保险公司车辆理赔管理系统中录入信息的类型分为查勘信息录入、照片及文档导入。

1. 查勘信息录入

（1）查勘员准确录入查勘获得的车辆型号、车架号（VIN）；对于出险标的车型与承保时录入车型不一致的，应按正确车型录入或进行文字说明。

（2）查勘员应尽可能准确判定保险车辆在事故中应承担的责任，选择判定或预估的责任输入。在"查勘意见"栏目中填写查勘情况，对车辆、人伤亡等的查勘情况，分别在相应的说明栏中输入详细的信息，有必要时形成较详细的查勘报告。机动车保险现场查勘报告的具体内容如表 4-1 所示。

（3）查勘员应按照事故的真实情况正确判断并查看记录中的每一项内容。

2. 照片及文档导入

导入照片时应保证照片清晰，并在相应的说明栏中输入详细的信息。照片导入时要有删选，将主题明确、影像清晰的照片有选择性地导入系统。

表 4-1　机动车保险现场查勘报告

被保险人		保单号码			报案号码		
厂牌型号		车牌型号			车架号（VIN）		
保险期间	年 月 日 时至 年 月 日 时			使用性质		发动机号	
现场查勘情况：							
事故责任查勘情况：							
车辆损失查勘情况：							
人伤亡查勘情况：							
其他查勘情况：（现场相关人员）							
出险时间	年 月 日 时 分			出险地点			
事故处理	□交警队 □公安部门 □现场 □其他			事故类型		□单方 □双方 □其他	
驾驶证审核： 年 月 日				行车证审验： 年 月 日			
驾驶人员		驾驶证号			性别	准驾车型	
保险责任确定： 根据现场查勘情况：依据机动车保险综合条款　　条 款　　规定，属于　　责任。							

损失情况	险别		损失金额	现场图：
	车辆损失险			
	机动车第三者责任保险	车辆		
		财物		
		人身		
	险			
	险			
	险			查勘员签字：
	费/元			查勘地点：
	费/元			查勘时间：　年 月 日 时

任务实施

☞ **任务准备**

（1）防护装备：警戒带、服装、抹布、灭火器。

（2）工具设备：整车、卷尺、相机、电脑、保单、手电筒、保险公司标签。

（3）辅助资料：索赔申请书、现场查勘报告、卡片、记号笔、翻纸板、参考书。

☞ **实施步骤**

（1）通过给出的案例材料，判断事故的真实性。

（2）将学生分成4组讨论、分析案例并记录。

第一组通过给出的案例材料，完成到达查勘现场前与标的车车主电话沟通的模拟，并用文字说明。

第二组完成任务报告中索赔申请书的填写，可以借助互联网查询索赔申请书填写的要求等内容。

第三组完成事故现场查勘的情景模拟，并用文字说明。

第四组根据事故现场完成任务报告中查勘报告的填写，可以借助互联网查询填写的要求等内容。

任务报告

任务：现场查勘			
班级		姓名	
组别		组长	
1. 接受任务（5分）		得分：	
你是一名汽车服务与营销专业的二年级学生，现在开始学习"汽车保险与理赔"这门专业课程，需要对一起车辆事故现场进行查勘，请利用教材、车险理赔软件、参考书及网络资源进行检索并将相关信息总结、记录到报告中			
2. 信息收集（20分）		得分：	
（1）利用"互联网+"的形式，认真读取查勘案例，结合案例对到达现场前的电话沟通进行文字说明； （2）上网查询索赔申请书录入的注意事项，并记录、分析			
3. 制订计划（15分）		得分：	
请根据工作任务制订工作计划及任务分工。			

序号	工作内容	工作要点	负责人

（续表）

4. 计划实施（50分）	得分：

（1）模拟到达查勘现场前与标的车车主的电话沟通，并用文字说明。（20分）

（2）索赔申请书的填写。（15分）

机动车保险索赔申请书

保险单号：　　　　　　　　　　　　　报案编号：

重要提示：请您如实填写以下内容，任何虚假、欺诈行为，均可能成为保险人拒绝赔偿的依据。		
被保险人：	号牌号码：	牌照底色：
厂牌型号：	发动机号：	车架号（VIN）：
报案人：	报案时间：	是否第一现场报案：□是 □否
××公司：　　　　年　　月　　日　　　时，驾驶人　　　　（姓名），驾驶证号：□□□□□□□□□□□□□□□□□□，初次领证日期　　年　　月　　日，驾驶机动车　　　　（号牌号码），行至　　　　　　（出险地点），因　　　　　　（出险原因），发生　　　　的事故，造成　　　损失。 　　你公司已将有关索赔的注意事项对我进行了告知。现按照保险合同的约定，向你公司提出索赔申请。 　　本被保险人声明：以上所填写的内容和向你公司提交的索赔材料真实、可靠，没有任何虚假和隐瞒，如有虚假、欺诈行为，愿意承担由此产生的所有法律责任。 　　　　　　　　　　　　　　　　　　　　　　　被保险人（法人）签章： 　　　　　　　　　　　　　　　　　　　　　　　　　　　年　月　日 　　身份证号：□□□□□□□□□□□□□□□□□□		
联系电话：	地址：	邮政编码：

（3）完成现场查勘的情景模拟，并用文字说明（15分）

5. 检查评价（10分）	得分：

请根据成员在完成任务中的表现及工作结果进行评价。
　自我评价：_____
　小组评价：_____

任务总成绩：

实操训练

模块：汽车营销评估与金融保险服务技术（中级）		考核时间：50 分钟	
姓名：	班级：	学号：	考评员签字：
初评：☞合格 　　　☞不合格	复评：☞合格 　　　☞不合格	师评：☞合格 　　　☞不合格	
日期：	日期：	日期：	
考核项目：保险理赔与三包作业技术 ［实操考核报告］			

1. 观看视频（或照片），分析事故，记录车辆信息。

品牌		整车型号		生产日期	
发动机型号		发动机排量		变速箱类型	手动◎ 自动◎
行驶里程/km		车牌号		车主姓名	
车架号（VIN）					

2. 对事故现场进行勘察及记录。

（1）观看视频（或照片），分析事故原因。

撞击位置	事故状态	事故发生时间	事故发生地点
前部◎ 中部◎ 左侧◎ 右侧◎ 后部◎	小◎ 大◎ 特大◎		
出险原因	醉驾◎ 闯红灯◎ 疲劳驾驶◎ 制动失效◎ 打滑◎ 人为◎ 其他：		

（2）受损情况查勘。

编号	检测项目	受损部件名称	受损原因	维修措施
1	发动机总成			无◎ 更换◎ 检修◎
2	自动变速箱总成			无◎ 更换◎ 检修◎
3	制动系统			无◎ 更换◎ 检修◎
4	转向系统			无◎ 更换◎ 检修◎
5	悬架系统			无◎ 更换◎ 检修◎
6	仪表安全气囊			无◎ 更换◎ 检修◎
7	大灯总成			无◎ 更换◎ 检修◎
8	玻璃			无◎ 更换◎ 检修◎

3. 查勘报告的填写。

保单号码：

保险车辆	厂牌型号：		发动机号：		车辆登记日期： 年 月 日
	车牌号码：		车架号（VIN）：		已使用年限：
驾驶人员姓名：			驾驶证号：☐☐☐☐☐☐☐☐☐☐☐☐☐☐☐☐☐☐		
初次领证日期： 年 月 日		性别： ☞男 ☐女	年龄：	准驾车型： ☐A ☐B ☐C ☐其他	
出险时间： 年 月 日 时			出险地点： 省 市（县）		
查勘时间： 年 月 日 时			查勘地点：	是否第一现场： ☐是 ☐否	
赔案类别：☐一般 ☐特殊 ☐简易 ☐其他 双代（☐委托外地查勘 ☐外地委托查勘）					
出险原因：☐碰撞 ☐倾覆 ☐火灾 ☐爆炸 ☐空中运行物体坠落 ☐雷击 ☐雹灾 ☐暴雨 ☐洪水 ☐其他（ ）					
涉及险种：☐车损险 ☐三者险 ☐车上人员责任险 ☐其他（ ）					

任务 13 定损核损

任务引导

保险车辆定损是理赔工作的重要环节，主要包括车辆损失、人身伤亡和其他财产损失的确定，以及施救费用确定、残值处理等。一般要求定损员有丰富的查勘和汽车维修经验。你知道定损员的工作职责是什么吗？不同事故的定损有哪些要求呢？

任务目标

知识目标

（1）学会车险定损岗位的岗位职责。
（2）能描述定损及换件原则。
（3）能描述不同案件的定损原则及要求。

能力目标

（1）能够准确对案件中涉及单证的真伪进行识别。
（2）能够利用对应的软件系统进行零件报价的查询并做初步定损。
（3）能够判断零件损失及更换情况。
（4）严格执行工作现场"7S"管理。

任务资讯

13.1 车险定损要求

13.1.1 定损岗位管理

1. 定损岗位任职条件

（1）廉洁奉公，秉公办事，认真负责。

定损员在平时的定损工作中接触对象广泛，要同被保险人、维修企业直接打交道。与不同对象的接触往往也是对其思想觉悟、工作作风的检验。因此，定损员应热爱保险事业，关心爱护保险公司声誉，为人正派，实事求是，坚持真理；热爱机动车保险理赔工作，且有从事机动车技术工作的实践经验，有一定的工作能力；自觉服从领导，遵纪守法，有任劳任怨的奉献精神。

(2) 精熟条款。

赔案处理的依据为保险合同条款，因此定损员必须认真领会和掌握条款内容。在现场查勘时，对事故现场情况进行客观的研究分析，在查清事故出险原因、确定属于保险责任后，合理地确定损失程度，详细鉴定修理范围，制订合适的维修方案，特别是对涉及第三者的损失，应本着实事求是的精神慎重处理。

(3) 熟悉并掌握相关专业知识。

机动车种类繁多，车型复杂，要达到定损合理、准确，则要求定损员熟练掌握事故查勘定损要领，掌握和了解我国的道路交通法规及道路交通事故处理办法，熟悉机动车构造及其工作原理，了解事故车辆修理工艺，能准确制定修理方式。另外，道路交通事故往往涉及第三者的物体损失以及车、货物损失，因此，定损员还要了解和掌握很多相关的知识，以及定损赔偿标准。

2. 定损员的上岗条件

(1) 所有定损员在上岗前必须接受专业培训，并通过公司规定的任职资格考试。

(2) 定损员在工作中必须接受公司规定的检查和审核。

3. 定损岗的岗位职责

(1) 接受派工。在接到保险公司调度中心或调度员的案件派工时，第一时间到达案件发生的现场。

(2) 确定事故损失。依据现场调查和定损原则，确定出险车辆的损失项目、维修方式及价格、残值折价、施救费用；对于人伤案件，还应确认伤者身份、查询医疗情况、预估医疗费用，填写相关单证。

(3) 收集索赔材料。根据案件情况，收集相关索赔资料，指导客户办理索赔手续。

(4) 资料上传系统。按要求将定损项目、损失照片及相关文档上传保险公司理赔系统。

(5) 工作时效。

严格按照公司制定的案件处理时效要求执行，不得因个人原因而耽误案件处理。

(6) 对定损准确性负责。

(7) 完成理赔部负责人交办的其他工作。

4. 定损工作纪律

(1) 服从调度和派工，不得推委推延。

(2) 在规定时限内及时定损，不得授权他人代定损。

(3) 在定损过程中，及时协助客户采取有效施救保护措施，防止损失扩大。

(4) 按有关规定和要求拍摄损失相片，不得丢失相片。

(5) 按照规范要求出具定损单，被保险人必须签字确认。

(6) 使用保险公司规定的工时费标准。

(7) 按保险公司规定进行配件询价。

（8）准确确定损失数量和金额。

（9）按照时效规定将定损资料及时录入上传，及时处理调度到定损平台中的案件。

（10）对超权限定损案件在完成初步定损后，应及时上报定损审核，并立即完成回复意见后再上传。

（11）面对客户必须使用文明用语。

（12）不得从事与本职工作无关的任何行为。不得从事损坏公司形象和利益的任何行为。不接受吃请，不接收任何钱财，不接收各种礼物。

13.1.2 定损原则

（1）坚持保险理赔原则，履行定损职责，遵守公司纪律，维护公司形象。

（2）认真界定本次事故中所造成的车辆损失和与本次事故无关的损坏部件。凡在车辆存放、有偿施救、未及时采取措施以及额外增加产生的损失，均不属于赔付范围。

（3）事故车辆损坏项目要坚持"以修为主，以换为辅"的原则。

（4）凡可以单独更换的局部配件，不能更换总成件，属于特殊情况的必须提前上报批准。

（5）严格按照损坏部件更换标准确定更换配件，按照规定的修理工艺确定工时费。

（6）严格执行公司规定的配件价格标准，不得超过规定的价格范围。

（7）准确、合理、有依据地界定损余物资的残值金额、施救费用等，确定整体价格。

（8）检查、核实整体定损金额。

（9）严格区别属于车辆功能性机件原因引起的事故和损失。

13.1.3 配件更换原则

（1）受损的配件必须具有以下3种情况之一方可更换。

①不可修复性。

②修复后影响使用功能，严重影响外观，影响安全性。

③修复价格超过更换配件价格的90%以上。

（2）更换项目必须具有准确的更换依据，必要时应提供依据性文件证明，或诊断工艺过程性资料。

（3）对于不提供单件的总成件和隶属关系复杂的配件，必须提供维修站的文字说明及标准的配件关系图资料。

13.1.4 事故车辆的定损方法

1. 现场查勘与定损范围的鉴别

（1）检查标的车辆，核实损失部位，确认损失程度。

（2）区分本次事故损失与非本次事故损坏部件的界定。

（3）严格控制重复报案、骗赔案件的发生。

（4）采取验车核损办法。

（5）采取旧件回收办法。

2. 定损确认的技术依据

（1）了解出险车辆的总体结构及整体性能。

（2）掌握受损零部件拆装难易程度及相关拆装修理的工作量。

（3）掌握受损零部件的检测技术。

（4）掌握修理过程中所需的辅助材料及用量。

（5）掌握和了解出险车辆竣工后的检查鉴定技术标准。

3. 基本方法与步骤

（1）准确确认事故车辆损伤的部位及损坏的部件。

（2）根据现场查勘情况或双车比对痕迹，确认本次事故造成的损失。

（3）根据各部位损坏部件的轻重程度，出具维修方案；确定更换项目、修理项目、修复工艺；确定工时、工费。

（4）对损失确认书中列明的更换配件明细进行报价，缮制完整的损失确认书。

（5）事故车辆定损坚持被保险人、第三者、保险公司三方共同进行。例如，在维修企业定损时，还应有承修方业务人员参与。

4. 需要注意的问题和应采取的措施

（1）定损的时效性。

（2）应发挥定点拆检厂和合作厂家的作用。

（3）要坚持配件更换原则和保险公司下发的工时标准。

（4）对特殊车型、配件奇缺车型定损的处理方法。

（5）对超出现行实际价值的事故车辆定损应注意的问题。

（6）妥善处理客户要求在非保险公司推荐的维修企业修理事故车辆的矛盾。

（7）定损照片拍摄的方法和应注意的问题。

（8）损余物资处理。

13.2 车险定损要求

13.2.1 事故车辆损坏部件的修复、更换标准

1. 车身及钣金部件的修复、更换标准

（1）更换车身总成的条件。

如果车身严重变形，无法采用修复工具校正到标准状态，或单独部位损坏严重而无法修复但只能提供车身总成的车型，则可给予更换车身；在底板变形严重时，应区分承载式与非承载式车身结构，如果是承载式车身结构，则应给予更换车身总成，反之，则只用更换底板大梁架；对损坏车身进行维修的费用大于更换车身的费用；对更换车身明确区别车身总成、车身壳体，凡需更换车身总成或车身壳体的，必须报保险公司理赔部批示，经同意后方可更换。

（2）更换车身壳体参考示意图。

如果车身严重变形，须更换车身壳体，如图 13-1 所示；如果底板严重变形，也须更换车身壳体，如图 13-2 所示。

图 13-1　车身严重变形　　　　图 13-2　底板严重变形

（3）局部钣金件。

更换条件：钣金部件损坏严重而不能修复，或修复后不能恢复原样并明显影响外观，或修复后无法按原标准装配的，可给予更换。

修复方式：按损坏程度分为重度、中度、轻度 3 个级别，可以分别考虑钣金工时费。重度损坏程度是指变形严重，有死褶，损伤面积达到 50% 以上，修复难度大；中度损坏程度是指部件凹凸面积较大，局部有褶但变形较小，完全可以修复；轻度损坏程度是指部件弹性变形或有划伤、刮伤，有凹坑，损坏较轻，轻微磕碰不考虑钣金工时费，只计喷漆。

（4）钣金件损失划分示意图。

①翼子板：损失程度为轻度、中度、重度的翼子板必须修复，重度以上的则考虑更换，如图 13-3 所示。

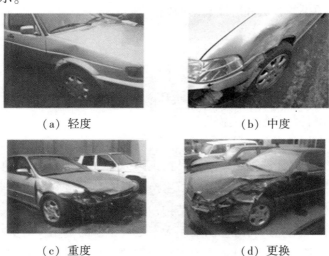

图 13-3　翼子板损坏程度

②发动机罩：损坏程度为轻度、中度的发动机罩必须修复，重度以上的则考虑更

换，如图 13-4 所示。

(a) 轻度

(b) 中度

(c) 重度

(d) 更换

图 13-4　发动机罩损坏程度

③保险杠：前后保险杠为易受损部件，在定损时应注意，保险杠在受损程度不大时是可以通过塑焊、加热整形等工艺进行修复，如图 13-5 所示。

(a) 保险杠断裂严重则更换

(b) 保险杠断裂则修复

图 13-5　保险杠受损程度

2. 电器、灯光部件的修复、更换标准

(1) 电机类。

对发电机、启动机、雨刮电机、水箱电机等电动机类，未观察到表面受损的，不得更换。

(2) 灯具类。

确定更换的灯具配件，必须达到损伤不可修复程度。构成更换的依据为灯罩表面损坏、灯壳破损。对可以粘接的灯壳角，必须坚持修复。对外壳受损的灯具，需注意是否提供单独的灯壳。更换的大灯总成必须注意其中总成件所包含的附件，不得重复列入。

3. 发动机部件的修复、更换标准

（1）对需更换发动机总成、缸体总成的，必须报保险公司理赔部批示，经同意后方可更换。

（2）无损坏的保养性配件不得列入更换项目。

（3）对出现损坏而不可以修复或修复后影响功能发挥的配件，应给予更换。

（4）对确定损坏的电气元件，必须是出现严重的损坏且修复后影响功能的配件，可列为更换项目。无明显损坏的配件，必须提供专用仪器的测量证明材料。

（5）对确定更换（如启动机、发电机、增压泵、输油泵等）的总成件，必须得到专修企业的文字证明文件。对未出现明显损坏的曲轴、凸轮轴配件等，确认更换时必须得到专修企业的测量证明文件，证明其已经超出维修范围，不可以修复。

（6）确认更换发动机托架的标准为托架螺栓安装孔与车梁螺栓孔位置偏差大于5 mm，并且无法修复。

4. 传动机构部件的修复、更换标准

（1）若确定更换变速箱总成、减速及分动箱总成，则必须提前得到审核部门的批准文件。

（2）对出现损坏而不可以修复或修复后影响功能发挥的配件，应列为更换配件项目。

（3）对确定损坏的电气元件，必须是出现严重的损坏并修复后影响功能的配件，可列为更换项目。无明显损坏的配件，必须提供专用仪器的测量证明材料。

（4）当壳体件出现严重损坏时，应只确认更换损坏的壳体部分。壳体出现轻微裂痕时，应确认为修复工艺解决。

（5）对损坏的自动变速箱，建议维修企业送到品牌指定的自动变速箱专修企业进行维修。

5. 悬挂部件的修复、更换标准

（1）确认更换悬挂臂及悬挂杆的标准为车轮和悬挂臂及悬挂杆出现严重的变形。若悬挂臂及悬挂杆未出现明显的变形的，则必须提供四轮定位仪器的测量结果及证明超出调整范围的文件。

（2）确认更换减振器的标准为其表面出现严重的损坏痕迹，或芯杆伸出转动摆差大于0.5 mm。

（3）当确认更换传动轴时，其必须出现严重的损坏或弯曲现象。

6. 座椅部件的修复、更换标准

（1）对座椅变形的情况，必须坚持对座椅骨架进行修复。

（2）对确认座椅损坏或表面损坏而需要更换总成的情况，必须由品牌厂家提供无单独配件的文字证明。

（3）对座椅表面划伤情况，必须坚持修复。

7. 内装饰部件的修复、更换标准

（1）若装饰部件出现划伤情况，则必须坚持修复。

（2）确定更换的标准是，损坏严重而又无法修复、表面撕裂的配件。

8. 安全性部件的修复、更换标准

（1）确定修复和更换安全性配件必须以保证恢复功能、恢复可靠性为目的。

（2）确认更换的配件必须是表面发生损坏、有事故引起的电气性损坏故障。

9. 其他情况

未在事故中发生作用的安全性配件，例如，未作用的安全带、安全气囊、安全气帘、连接线等，不得列入更换项目。对确定损坏的电脑控制器，必须使用专用诊断仪器进行复位、清除故障、再运行、再诊断。

13.2.2 零配件更换标准

零配件更换标准见表 13-1。

表 13-1 零配件更换标准

零件名称	标准
前、后保险杠	保险杠靠近轮位的吊耳、固定码断裂或断脚的，给予更换； 凹陷裂开的，给予更换正厂配件。断裂和破碎的，给予更换副厂配件，或采取双方协商后由责任方自行承担费用的方式解决； 杠体穿孔且缺损的，予以更换
前、后杠内骨架	撞扁在 1/3 以上的（以厚度或长度计算，材料为铝合金），折曲弯度大于 30° 以上难以修复的或修理工时费用大于更换的，给予更换（注：根据保额以及霉烂情况，予以等价值更换）
前杠支架	撞扁在 1/3 以上的，折曲弯度大于 30° 以上难以修复的或修理工时费用大于更换的，给予更换
中网、杠体栅格	断脚、撞扁或表面断裂，或影响美观的（电镀件），折曲弯度大于 30° 以上难以修复的或修理工时费用大于更换的，基本给予更换
前、后大灯总成	撞烂、撞穿灯面、灯壳或撞断灯脚，给予更换处理。灯面磨损深，抛光抛不平的，基本给予更换
角灯	
雾灯	
翼子板灯	
前盖	撞损位置扁烂、撞穿或撞折特别是骨位折曲在 1/3 以上（特别是铰位在前面的，是固定受力位，而且是主力的）的头盖，铝盖在周边 10 cm 以上损坏、穿孔的，可以更换
前盖撑杆	撑杆有弯曲现象，撑杆芯有划痕，撑杆球头脱落，给予更换，
前挡下饰板	金属缺损的或塑料裂开在 5 cm 以下但不影响使用和美观的，给予修复；缺损的给予更换

(续表)

零件名称	标准
前挡饰条	前挡胶条和金属饰条：开裂和缺损的，给予更换。如奥迪前挡饰条是一次性使用的，给予更换
倒车镜	外部缺损和只烂镜片的，给予更换半总成。电镜的电控转向器损坏的，给予更换总成
龙门架	损坏在1/3以上的撞扁、撞曲、撞折和头盖锁位置以及较位损坏的（钢材），或材料为塑料、玻璃钢的，给予更换
散热网	轻微变形，给予修复；有穿漏现象（因有压力）或有折曲、断脚的，给予更换
水箱	轻微变形，或水道管穿孔细微的，铜制水道管可用铜焊焊补的，给予修复，铝制水道管可用亚弧焊给予修补。水道管撞扁、撞烂，断脚或要截断改变水道的（因缩短水道影响水降温时间，容易造成水温高），给予更换
风扇总成（含电机）	胶扇叶和金属扇叶有缺损、变形的，给予更换。电机表面完好、轴无变形或轴承无异响及转动正常（必要时可通电试），不给予更换
前翼子板	前面撞扁、撞折或骨位折曲超1/3以上，穿烂划破超过10 cm，给予更换。侧面凹陷无论大小都不给予更换，应给予修复。修复工时大于换件价格的，给予更换
前翼子板内骨架	影响减振器座造成前轮定位和前束有问题的，给予更换
前纵梁	折曲或撞扁或扭曲1/3以上的，给予更换
前、后桥	要看其撞击位置，主要在轮位、或纵梁（严重折曲）和前桥上。如货车撞不到该位置不会损坏；小车眼到损坏的或看不到的就要观看其前桥底部的4颗大螺钉有无移位变形，下摆臂固定位变形，如有则给予更换，如无就不能更换
仪表台壳	塑料有爆裂、穿洞、变形的，给予更换；真皮面尽量给予修复
发动机脚胶	断裂、缺损的，给予更换
脚胶支架	同上（铝合金，或铸成一体）
减振器	变形、减振器芯有明显划痕、明显碰撞痕迹的，基本予以更换
下悬挂臂	变形、有明显碰撞痕迹的，基本予以更换
转向节	变形、有明显碰撞痕迹的，基本予以更换（可以考虑将轴承一同更换）
方向机	变形、有明显碰撞痕迹的，基本予以更换
横、直拉杆	变形、有明显碰撞痕迹、或有裂痕的，基本予以更换
半轴	变形、有明显碰撞痕迹的，基本予以更换；仅三角轴承受损的，不更换
半轴万向节（球笼）	有损坏的，基本予以更换
正时室盖	缺损或裂开、变形的，给予更换

(续表)

零件名称	标准
发动机油底壳	撞损达直径的1/3，深度在3 cm以上的，给予更换
气门室盖	缺损、爆裂、变形的，给予更换
中缸壳	螺丝位断裂1个的，原则上予以修复；裂纹不大于5 cm，或位置不在油道水道的，可以修复，否则予以更换；如有缺损、崩烂的，给予更换
波箱壳	同中缸壳
波箱油底壳	撞损、变形，凹陷深度在2 mm以上的，给予更换
进、排气歧管	铸铁件变形、缺损的，给予更换；塑料件有损坏的，基本予以更换
前排气管	变形偏离支承点超过5 cm的，或撞穿及撕裂的，原则上给予更换，其他部位的弯折可修复
中排气管	
后排气管	
三元催化器	内外部破裂，有异响的，给予更换
消声器	凹陷深度超过1 cm的，或撞穿的，有异响的，原则上给予更换
前、后立柱	撞穿或柱体凹陷变形部分达到柱体20%的，原则上给予更换
A、B、C柱	
车门壳	缺损、撞穿直径超过10 cm的或弯曲角度超过1/3的，原则上给予更换；窗框部位凹陷变形部分达到框体20%的，给予更换
车门玻璃升降器总成	胶扣断裂、钢丝散开、齿轮牙缺损、举升支架变形超过1/4，或电机受损不能运转的，原则上给予更换
下裙饰板、车门外饰板、轮眉饰板	缺损、断脚（码）、塑胶的饰板的弯曲部分超过板体的1/3的或撕裂的，原则上给予更换
天窗玻璃导轨	变形导致天窗玻璃滑动不畅的，原则上给予更换
后翼子板	后面撞扁、撞折或骨位折曲在1/4以上，穿烂划破超过10 cm的，给予更换。侧面凹陷无论大小都不给予更换，应给予修复。修复工时大于换件价格的，给予更换
后翼子板内骨架	缺损或弯曲角度超过1/3原则上的，给予更换
后窗台板	饰板裂开、钢材支架变形范围达到50%或缺损的，原则上给予更换，其他情况不建议更换
油箱总成	撞穿、边角凹陷超过1 cm的，原则上给予更换。塑胶的油箱有深度超过1.5 mm的划痕或有褶皱的，原则上亦给予更换
尾盖	撞损位置扁烂、撞穿或撞折特别是骨位折曲在1/4以上的，给予更换。中间凹陷的无论大小不能更换
尾盖撑杆	撑杆有弯曲现象、撑杆芯有划痕、撑杆球头脱落，给予更换

(续表)

零件名称	标准
行李箱地板	缺损或撞穿直径超过 20 cm 的，给予更换
ABS 执行器	线束插头、插座损坏，电路板部位受明显撞击，泵体有明显撞击造成的损坏，基本予以更换
安全气囊电脑	气囊爆出，对气囊游丝、电脑、气囊、感应器（奥迪 A6/A4、广本系列无感应器）予以更换
轮辋（包括铝合金）	变形失圆、缺损的，基本予以更换
前、后盖锁	变形的，基本予以更换
门锁	明显变形、破裂的，基本予以更换
门把手	有明显摩擦痕迹、断裂（含塑料、电镀面）的，基本予以更换
防撞胶条	有变形、明显摩擦痕迹、断裂（含塑料、电镀面）的，基本予以更换
玻璃压条	有变形、明显摩擦痕迹、断裂（含塑料、电镀面）的，基本予以更换
天线	天线杆有变形、断裂的，基本予以更换
倒车雷达感应器	有损坏的，基本予以更换

13.2.3 一般车损案件定损

（1）认真查验受损标的，确定受损部位、损失项目、损失程度，损失严重的应将车辆解体后再确认。

（2）查看现场相片记录、损失相片痕迹记录，核对出险原因、经过及大概损失情况是否相符，有无扩大损失部分。

（3）沿着碰撞力传递路线系统地检查车辆配件的损伤，直到没有任何损伤痕迹的位置，以防遗漏间接损失。间接损失较难全面地确定和分析，定损员在定损时必须设法找出各个部位变形的痕迹，并检查所有螺栓、垫片或其他紧固件有没有发生移动或离位，有没有露出未涂漆的金属面，内涂层有无开裂或出现裂纹等，同时又要注意间接损失和非事故损失的区分。

（4）确定损伤是否限制在车身范围内，是否还包含功能部件、元件或隐藏件（如车轮、悬架、发动机、仪表台内隐藏件等）。根据碰撞力传导范围、损伤变形情况和配件拆出来后的损失相片区分事故损伤与拆装损伤。

（5）严格按拆装、钣金修复、机修、电工、喷漆分类确定修理项目和按碰撞线路和碰撞力传导线路确定换件项目，并及时记录相片中反映出的零配件型号、规格及零配件上有的配件编码。

（6）根据报价管理规定对更换件确定配件进行报价。根据维修当地工时费标准确定维修工时价。

（7）拍摄所有损失零部件相片。

（8）委托案件受理机构已完成车辆定损的，如委托机构与被保险人协商，需将事故车辆拖回委托机构所在地修理的，原则上以委托机构重新定损结果为准。委托机构在缮制定损单时导入新的定损信息，受理机构原有定损信息不再修改。

（9）对于损失金额较大的事故车辆，在修复完工、客户提取车辆之前，应对维修方案的落实情况、更换配件的品质和修理质量进行检验；也可采取修复中抽检的形式。复检的结果应在定损单上注明，如发现未更换定损配件或未按定损价格更换相应配件，应在定损单上扣除相应的差价。

（10）对损失金额较大或双方难以达成定损协议或受损标的鉴定技术高，难以确定损失的案件，报保险公司理赔部批示后，可聘请专家或委托公估机构定损。

（11）定损中应注意区分本次事故和非本次事故造成的损失，事故损失和正常维修保养的界限，对确定为事故损失的部位应坚持尽量修复的原则。

（12）残值应协商折价折归被保险人，并由被保险人进行处理。

（13）注意定损权限，对超权限案件应及时上报。

13.2.4 火灾车损案件定损

1. 全部损失

此情况为过火面积达到或接近100%，所有部件均无修复利用价值。这类车损在定损中要注意：通过拆解，进一步确认火因，判定是碰撞起火、外来火源还是自燃，从而对查勘定责进行补充。准确核定残值，一般此类车辆的残值只能做废品出售，准确定价后交由被保险人处理。

2. 部分损失

此情况为过火面积没有达到车辆报废的标准，还可修复。这类车损在定损中要注意：通过拆解，进一步确认火因，判定是碰撞起火、外来火源还是自燃，从而对查勘定责进行补充。区分损坏件和已过火但还可修复使用件，准确核定损失项目。一般电路、胶管、塑料件等，只要过火，都无法修复；一般金属件过火，要仔细判别损失程度，能修复的尽量修复；外表件过火，要根据实际情况，如果面积小，翘曲变形不严重则可修复，而如果过火面积大，翘曲变形严重，则考虑更换。因为高温退火变形件，其强度严重下降，即使能够修复，其使用性能也无法恢复；载重车车架过火的，要根据变形严重程度和变形部位确定损失。一般可修理恢复，但涉及关键承载部位严重退火的，可考虑修理加强，必要时通过报批可进行更换。

13.2.5 水灾、盗抢车损案件定损

水灾、盗抢车损案件定损可参照保险公司《车险水淹案件处理技术规范》和《车辆盗抢案例处理技术规范》进行处理。

13.2.6 全损案件定损

1. 全损案件确认标准

该标准为出险车辆的损失程度已经达到无法进行恢复性维修的地步；对出险车辆的施

救、维修费用已经大于购车价格的80%。确认全损程度必须事前得到指定审核部门的批准。

2. 实际全损

实际全损是指车辆已经没有完好件，或实际无法修复。如火灾案件，过火面积达到100%，而且所有部件已无利用价值。对实际全损案件，定损时把握如下原则：

（1）详细拍照。

对车辆损失按照总成件逐一拍照，反映损失详细情况。

（2）残值估价。

对全损车辆残值估价，一要考虑残值的实际市场价值；二要考虑对残值的施救成本，如果施救成本大于或等于残值的市场价值，残值应按照零计算；三要考虑残值折价归被保险人，在计算时扣减。

（3）注意定损权限。

因全损案件一般涉及金额较大，在定损中一定把握好定损权限，超权限案件应及时上报。

3. 推定全损

推定全损是指车辆损失已经达到一定程度，估计修复费用高出车辆修复后的市场价值，或者施救难度大，施救费用高于车辆价值。对此类车定损，应把握如下原则：

（1）详细拍照。

详细拍摄事故现场、施救过程、损失车辆的照片。对车辆损失按照总成件逐一拍照，反映损失详细情况。

（2）残值估价。

对推定全损车辆残值估价，遵照如下原则：要考虑残值的实际市场价值，这类车损失虽然严重，但部分总成还可以利用，应充分考虑其完好价值、折旧、是否需要修理等因素，准确估价；要考虑残值的施救成本，如果施救成本大于或等于残值的市场价值，应按照零计算残值；依靠专业技术力量或评估部门的专业特长准确估价。

（3）与维修方案比较。

对推定全损案件，一定采取与维修方案进行比较的方式，将必要的维修项目记录单据附加在案卷中。

（4）注意定损权限。

因推定全损案件一般涉及金额较大，在定损中一定把握好定损权限对超权限案件应及时上报，并跟踪落实回复意见。

13.2.7 配件价格及车损残值折价

1. 配件价格

（1）对更换配件的价格认定，严格按照保险公司制定的配件价格标准执行。凡超出规定范围的情况必须得到上级或总公司审核部门的批示文件，将批复文件拍照上传系统并附加在案卷中。

（2）对配件价格按地理区域制定不同的标准，各机构按所属地区选择相应的配件价格标准。

（3）配件价格标准分为 4S 店标准与市场价标准。保险事故车在 4S 店维修，且标的车型属该 4S 店所经营的品牌范围，配件价格按 4S 店标准执行；保险事故车在 4S 店维修，但标的车型非该 4S 店所经营的品牌范围，或是在综合类修理厂维修的，配件价格按市场价格标准执行。

（4）必须在规定的时效范围内完成配件价格确定工作，完成上传理赔系统和落实完成系统回复意见工作。

2. 车损残值折价

车辆残值指经保险赔付的受损配件的残余价值。残值处理是定损工作的一项重要内容，车辆定损过程必须包含残值处理。残值处理方式需要在定损单中列明，并由被保险人签字确认。对残值的处理，定损员应把握以下原则：

（1）残值折价。根据换件的可利用价值及配件价格，对残值进行准确的定价。

①对于轻微损伤配件，按照原配件价格的 5%～30%作价。

②对于一般损伤配件，按照原配件价格的 3%～5%作价。

③对于严重损伤配件，按照原配件价格的 2%～3%作价。

（2）对可修复继续利用的残值，充分考虑其市场价值进行折价，力争客观准确，必要时进行回收。残值折价后归被保险人处理，残值作价从定损金额中扣除。

（3）旧件回收。对部分有争议的换件，可以进行回收，防止其被继续利用，套取赔款；对无争议的配件按照残值折价规定扣除残值。

（4）对推定全损的车辆，残值经准确折价后由被保险人处理，保险公司不得回收。

13.2.8 施救费用定损

1. 施救费用确定原则

施救费用分为拖车费、吊车费、抢救打捞费。

施救费用是对出险车辆进行施救过程所产生的费用。施救费用必须是为减少保险标损失而支付的必要的合理费用。在施救费用的确定中，定损员应注意把握如下原则：

（1）充分考虑施救难度和施救工作量，参照市场行情，确定施救费用。吊车费和拖车费可参照当地交通管理部门制定的标准进行确定。

（2）对需要人工和专用设备进行施救的，可按照当地用工标准和专用设备使用费用，参照行业标准进行确定。

（3）施救保险公司被保险车辆以外的财物的，严格区分被保险车辆和被保险车辆以外的财物各自发生的费用。如果无法准确区分的，则可按照被施救物质量比例分摊计算。

（4）充分考虑施救对象的实际价值，如果施救费用超过被施救物的实际价值，则可放弃施救，并在案件定损单中说明情况。

2. 施救费用描述

（1）拖车费。

拖车费为专管行业规定的事故拖车企业专用车辆对事故车辆产生托运行为，从事故发生地点到附近指定维修企业或停车地点所产生的托运费用。此托运行为和费用应该符合行政相关管理规定的标准。

（2）吊车费。

吊车费为对事故车辆进行吊装所产生的费用，其中包含吊车行驶费、吊装费。此费用的确定必须符合国家和行业的收费标准。根据道路和被拖车辆不同对拖车费用进行了具体的分类，按照道路区域分为市区道路、一般道路、高速道路，按照被拖车辆分为小型车辆、中型车辆、大型车辆。

（3）抢救打捞费。

抢救打捞费为对事故现场车辆进行抢救、施救所产生的费用，其中包含人工打捞、人工搬运、施工机械等费用。此费用的确定必须符合相关行业的规定标准。当费用小于500元时，由保险公司支公司理赔经理负责确定审批；当费用在500～1000元时，由保险公司分公司理赔经理负责确定审批；当费用大于1000元时，必须上报保险公司理赔部审批。

13.2.9 工时费定损

车损工时费即维修工时费用，是对事故车辆在保险原则规定范围内进行维修的工时费用，其中，包含在维修过程中各个工种的各环节产生的费用，如拆卸费、钣金费、喷漆费、调试费、检查诊断费、电脑匹配费等。工时定价是定损工作的一项重要内容，在车辆定损过程中对维修工时费的处理，定损员应把握以下原则：

1. 定损原则

（1）依据标准。

确定维修工时费的依据为《汽车维修企业工时定额标准》，执行的标准为保险公司下发的《保险公司车险理赔工时费定额标准》。

（2）定损操作。

在定损时根据维修企业类别，确定工时标准。对项目中不包含的内容，按照类似项目进行比例折算。

（3）定损争议。

在实际操作过程中应该严格执行上述标准，当出现与修理企业发生争议时，修理企业必须提供在当地维修行业管理部门的登记、审批工时费标准，并在上报审批后附加在案卷中。

2. 企业分类

根据《汽车维修业开业条件》，划分维修企业技术类别。物价行政管理机关依据的维修企业技术类别确定了相应的收费等级划分：

(1) 一类。

技术级别为一类的维修企业为甲级收费单位，基本工时单价为 10.5 元。

(2) 二类。

技术级别为二类的维修企业为乙级收费单位，基本工时单价为 7.5 元。

(3) 三类。

技术级别为二类的维修企业为丙级收费单位，基本工时单价低于乙级收费单位，一般协商为 6 元。

(4) 备案工时费。

各个地区的维修企业根据本企业技术等级和承接维修的车型，在当地维修行业管理部门登记备案的工时标准。

13.3 核损

顾名思义，对于"核损"而言，"核"即审核、核实、核定，"损"即损失大小、额度、金额。就车险理赔公估核损而言，即就事故的性质、事故中车辆、物件损失及人员伤亡的情况进行审核，一方面确认事故是否属于保险责任，另一方面确认保险责任范围内事故造成的损失的金额大小。

1. 核损员工作职责

(1) 根据现场查勘员提交的资料，准确判定事故是否保险责任。

(2) 不是保险责任，则需要向上一级请示，并合理地向被保险人或现场查勘员提供口头或书面的拒赔理由。

(3) 核定事故的损失。核定损失的数量品种和对应品种的价值，完善损失清单，明确换、修项目，人工费、机械费等，明确事故人伤中的相关损失费用等。

(4) 明确理赔的计算公式和损失金额，尽可能让被保险人满意。

(5) 对有争议的案件，及时向主管和上一级请示，避免诉讼案件的发生。

2. 核损的工作流程

(1) 单证数量与种类的审核。

①基本单证。

证明保险标的或当事人身份的原始文件；保险单或保险凭证的正本，已交纳保险费的凭证，如账册、收据、发票、装箱单等；车辆行驶证；当事人的证件（如身份证、工作证、户口簿、驾驶证复印件等）。

②证明保险事故的有关文件。

出险通知书、保险事故调查检验报告；因交通事故造成的损失应提供公安机关交通管理部门的事故责任认定书、事故调解书或其他证明材料，如火灾证明、盗抢案件证明等。

③保险车辆施救、修理单证。

现场及车损照片、各种费用（如施救、保护费用）清单、修理估价单等；汽车维修业专用发票;定损单、结算清单、修理材料清单。

④第三者赔偿费用的有关单证。

对第三者的赔偿费用清单、第三者财产损失赔款收据、赔款委托书等;现场照片、财产损失清单、损害鉴定证明;修车发票;误工费、护理费、赡养费、抚养费等证明;医药费凭证、治疗诊断书;伤残鉴定书;事故中死亡者的死亡证明书;其他证明材料。

(2) 单证真实性审核。

①驾驶证。

根据《中华人民共和国机动车驾驶证管理办法》,在道路上驾驶民用机动车者,须申请领取机动车驾驶证;实行驾驶证准予驾驶相关车辆制度;持未记载审验合格的驾驶证不具备驾驶资格;机动车驾驶人在机动车驾驶证丢失、损毁、超过有效期或者被依法扣留、暂扣期间以及记分达到12分的,不得驾驶车辆。

一般说来,只有车主允许的合格的驾驶人驾驶的合格被保险机动车时,由非故意原因造成的损失,才有可能得到赔付。因此,验明驾驶人身份、驾驶证真伪、驾驶证是否有效,显得十分必要。真假机动车驾驶证如图13-6所示。

真、假机动车驾驶证的区别如下:

　　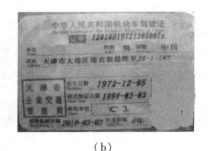

　　　　(a)　　　　　　　　　　　(b)

图13-6　真假机动车驾驶证

区别一:发证机关章即正本上的红色方章,即××省或××市公安局(厅)交(巡)警支(总)队或交管局(北京、天津、武汉、南京等),还有××县(市)交(巡)警大队。目前,驾驶证的发证机关章都是套红印刷的,而假证的红章一般都是打印出章或刻章盖的。

区别二:在内容的打印方式上,新版驾驶证都是采用公安部统一设置防伪针式打印格式,在专用打字机上采用针式技术,打出来的字体必定有针孔,用手能摸出来。特别是数字0和5很明显,0当中有一条曲线,5上面也有一条曲线,这是假证做不到的。

区别三:在日期上也设置了防伪,如2007-12-04中的连字符"-",在真证中是居中偏下,而在假证中是在中间,这也是防伪设计,假证无法打印或只能通过手工添加。

区别四:字体特点方面,除了上述的0和5的特殊设计外,真证的"0"为尖头,"4"为斜向上的一横,不是水平的;2、3、6、8为小头大身体。

区别五：准驾车型的英文字母与数字为同一字体。

②号牌。

号牌表面应当清晰、整齐、着色均匀，不得有皱纹、气泡、颗粒、杂质及漆层薄厚不一现象，反光材料或漆层与基材附着应牢固。金属材料号牌应具有耐柴油、汽油等腐蚀和防水性能：浸入30分钟，取出擦干1小时后，表面无剥落、软化、变色、失光。金属材料号牌在受一般外力冲击和弯曲时，不应有折裂、脱漆等损坏现象。

从车牌油漆光色上来说，假号牌底板的油漆由于品种和质量的不同，制作出的号牌表面上看与真的没有什么区别，但在阳光和灯照射下就有区别：真号牌在阳光直射下不反光，但在灯光直射下反光；假号牌在太阳下的一定角度处看会发光，在灯光直射下呈暗光。从字体的颜色看，假号牌的颜色比真的要蓝，如图13-7、图13-8所示。真的外籍车牌带有荧光粉微粒，仔细一看就可以看出里面有反光的微粒，而假的就没有反光，而是一种漆，只呈现一种颜色。

图13-7 真号牌

图13-8 假号牌

真号牌：部颁标准使用的是反光膜，脱落后出现基板——铝。

假号牌：凸现字符使用的往往是白色油漆，脱落后出现蓝色。

重点数字特征说明：小型车号牌和大型车号牌数字中的2、3、4、5、6、9的弧形端开口处均为斜口，如图13-9所示。若开口处为平口，则为假号牌。

图13-9 数学

③身份证。

如图13-10所示，身份证前6位为地址码；第7～14位为出生日期码；第15～17位为顺序码；第18位为数字校验码。

（a）身份证正面　　　　　　　　（b）身份证背面

图 13-10　身份证

（3）定责审核。

定责审核包括保险利益的审核、车险车辆的审核、驾驶人员的审核、案发时间的审核、车险原因的审核、事故责任划分的审核和上传资料与查勘信息对应性审核。

（4）定损审核。

①审核损失项目与程度：换件项目、修复项目、检修项目。

②审核损失费用：配件价格和工时费、施救费用。

任务实施

任务准备

（1）防护装备：警戒带、服装、抹布、灭火器。

（2）工具设备：整车、卷尺、相机、电脑、保单、理赔软件系统、保险公司标签。

（3）辅助资料：定损报告、事故车辆损失确认书、零件查询系统、卡片、记号笔、翻纸板、参考书。

实施步骤

（1）通过给出的案例材料，判断事故的损失程度。

（2）将学生分成3组讨论、分析案例并记录。

第一组通过给出的案例材料，完成现场定损的模拟，并用文字说明。

第二组完成任务报告中事故车辆损失确认书的填写，可以借助理赔软件系统进行零部件的查询。

第三组完成事故车辆的核损工作，并用文字说明。

任务报告

任务：现场查勘			
班级		姓名	
组别		组长	

(续表)

1. 接受任务（5分）		得分：	
你是一名汽车服务与营销专业的二年级学生，现在开始学习"汽车保险与理赔"这门专业课程，需要对一起事故进行定损核损工作，请利用教材、车险理赔软件、参考书及网络资源进行检索将相关信息总结、记录到报告中			

2. 信息收集（20分）	得分：

（1）利用"互联网+"的形式，认真读取定损案例，结合案例进行现场定损的模拟；
（2）借助理赔软件系统进行零部件的查询，完成事故车辆损失确认书的填写

3. 制订计划（15分）	得分：

请根据工作任务制订工作计划及任务分工。

序号	工作内容	工作要点	负责人

4. 计划实施（50分）	得分：

（1）通过给出的案例材料，完成现场定损的模拟，并用文字说明。（20分）

（2）事故车辆损失确认书的填写。（15分）

机动车保险车辆损失情况确认书

赔案编号：　　　　　　　　　　　　　　　条款类别：

被保险人			保险单号			
厂牌型号			车牌号码			
制造年份	年　月　日		发动机号			
定损时间			车架			
定损地点			变速箱型式		手动□　自动□	
报价公司		总公司　　省公司　　地市公司				
零部件更换项目	序号	配件名称	数量/个	核定价格/元	序号	配件名称	数量/个	核定价格/元
	1				6			
	2				7			
	3				8			
	4				9			
	5				小计			

(续表)

维修项目	序号	项目名称	工时/小时	工时费/元	序号	项目名称	工时/小时	工时费/元
	1				5			
	2				6			
	3				7			
	4				小计			

换件项目共计： 项，合计金额：（大写）	（¥ 元）
修理费总金额：（大写）	（¥ 元）
残值作价金额：（大写）	（¥ 元）
实际损失金额合计：（大写）	（¥ 元）

保险合同当事人各方经协商，同意按确认书中所载明的零部件更换项目及维修项目作为确定本次事故损失范围的依据，其零部件价格以保险公司按市场价格报价为准。修理费总金额均已包含各项税费，超过此金额部分，保险人不予赔付

（3）车辆的核损工作，并用文字说明。（15 分）

5. 检查评价（10 分）	得分：
请根据成员在完成任务中的表现及工作结果进行评价。 自我评价： 小组评价：	
任务总成绩：	

实操训练

模块：汽车营销评估与金融保险服务技术（中级)		考核时间：50 分钟	
姓名：	班级：	学号：	考评员签字：
初评：☞合格 　　　☞不合格	复评：☞合格 　　　☞不合格	师评：☞合格 　　　☞不合格	
日期：	日期：	日期：	
考核项目：电子定损计算机应用技术 ［实操考核报告］			

1. 观看视频（或照片），分析事故，记录车辆信息。

品牌		整车型号		生产日期	
发动机型号		发动机排量		变速箱类型	手动◎ 自动◎
行驶里程/km		车牌号		车主姓名	
车辆识别码					

2. 对指定部件进行定损及核算。

（1）车身部件定损及核算。

部件名称	定损原因	维修项目	维修金额/元
	变形◎ 破裂◎ 掉漆◎	整形◎ 喷涂◎ 更换◎	
	变形◎ 破裂◎ 掉漆◎	整形◎ 喷涂◎ 更换◎	
	变形◎ 破裂◎ 掉漆◎	整形◎ 喷涂◎ 更换◎	

（2）悬架部件定损及核算。

部件名称	定损原因	维修项目	维修金额/元
	变形◎ 断裂◎	四轮定位◎ 更换◎	
	变形◎ 断裂◎	四轮定位◎ 更换◎	
	变形◎ 断裂◎	四轮定位◎ 更换◎	

（3）发动机部件定损及核算。

部件名称	定损原因	维修项目	维修金额/元
	壳体破裂◎ 变形◎ 损毁◎	检修◎ 部件更换◎ 总成更换◎	
	壳体破裂◎ 变形◎ 损毁◎	检修◎ 部件更换◎ 总成更换◎	
	壳体破裂◎ 变形◎ 损毁◎	检修◎ 部件更换◎ 总成更换◎	

任务 14 车险理算及案卷制作

任务引导

机动车出险后，如果事故责任车辆投保了相应的车险，被保险人就可以依据保险合同向保险人提出索赔请求，而保险人应依据保险合同的约定及时履行赔偿责任。车险理赔是从保险公司的角度而言的。那么，当保险公司接到报险后就会委派查勘员进行现场查勘，并对事故损失进行定损，然后根据现场查勘的第一手资料和事故责任比例及保险责任范围对保险标的进行核损、理算赔款、核赔、支付赔款和结案回访。

保险理赔工作是保险政策和作用的重要体现，也是保险人执行保险合同，履行保险义务，承担保险责任的具体体现。保险的优越性及经济补偿作用在很大程度上都是通过理赔工作来实现的。你知道赔款计算及案卷制作都包括哪些具体内容吗？

任务目标

☞ 知识目标
（1）学会车险理赔的流程。
（2）能描述理赔各环节中的工作重点及要求。
（3）能描述未决案件的含义并分析产生的原因。

☞ 能力目标
（1）能够对赔款进行理算。
（2）能够对各类特殊案件进行处理。
（3）严格执行工作现场"7S"管理。

任务资讯

14.1 车险理赔基本原则

14.1.1 车险理赔基本原则

车辆保险业务量大，出险概率高，加之理赔工作技术性强、涉及面广，情况又比较复杂，如何更好地贯彻理赔工作质量、充分维护被保险人的合法权益是做好机动车保险理赔工作的关键。因此，在机动车保险工作中必须坚持以下原则：

1. 树立为保户服务的指导思想，坚持实事求是原则

在整个理赔工作过程中，体现保险的经济补偿职能作用。当发生汽车保险事故后，保险人要急被保险人之所急，千方百计地避免扩大损失，尽量减轻因灾害事故造成的影响，及时安排事故车辆修复，并保证基本恢复车辆的原有技术性能，使其尽快投入生产运营。保险人在理赔工作中必须具备高度的服务意识，坚持实事求是。良好的服务水平能提高被保险人的满意度，从而提升公司形象。

在目前的理赔环境中，保险人的服务不够完善，加上被保险人缺乏相关知识，造成了大量被保险人对理赔服务不满意的现象。

2. 重合同、守信用、依法办事

保险人是否履行合同，就看其是否严格履行经济补偿义务。因此，保险人在处理赔案时，必须加强法治观念，严格按条款及相关法律办事，不仅该赔的一定要赔，而且要按照赔偿标准及规定足额赔付；对不属于保险责任范围的损失，不滥赔，同时还要向被保险人讲明道理，对拒赔部分要讲事实、重证据。

拒赔理由充分很好地说明了保险人重合同、守信用、依法办事的原则。保险公司对于出具任何一张拒赔通知书都应有明确的理由，以让被保险人心服口服。

14.1.2 车险理赔的特点

汽车保险与其他保险不同，其理赔工作也具有显著的特点。理赔工作人员必须对这些特点有清醒和系统的认识，了解和掌握这些特点是做好汽车理赔工作的前提和关键。

1. 被保险人的公众性

我国汽车保险的被保险人曾经以单位、企业为主，但是随着个人拥有车辆数量的增加，被保险人中单一车主的比例逐步增加。这些被保险人的特点是他们购买保险具有较大的被动色彩，加上受文化、知识和修养的局限，对保险、交通事故处理、车辆修理等知之甚少，从而增加了理赔工作的难度。

2. 损失频率高且损失金额较小

汽车保险的保险事故虽然损失金额一般不大，但是，事故发生的频率高。保险公司在经营过程中需要投入精力和费用较大，有的事故金额不大，但是仍然涉及对被保险人的服务质量问题，保险公司应同样予以足够的重视。比如以某公司南京地区为例，金额小于1000元的赔案占总案件数的80%以上，年出险频率在3次以上，这样保险人必须有强大的理赔队伍，增加了运营成本。此外，从个案的角度看，赔偿的金额不大，但是，积少成多也将对保险公司的经营产生重要影响。

3. 标的流动性大

汽车的功能特点决定了其具有相当大的流动性。车辆发生事故的地点和时间不确定，要求保险公司必须拥有一个运作良好的服务体系来支持理赔服务，其主体是一个全天候的报案受理机制和庞大而高效的理赔网络。目前，各车险公司一线理赔人员都为24小时值班制，以满足服务需求。

4. 受制于修理厂的程度较大

在汽车保险理赔中扮演重要角色的是修理厂，修理厂的修理价格、工期和质量均直接影响汽车保险的服务。因为大多数被保险人在发生事故之后均认为由于有了保险，保险公司就必须负责将车辆修复，所以在将车辆交给修理厂之后就很少过问，而一旦因车辆修理质量或工期甚至价格等出现问题，均对保险公司和修理厂一并指责。事实上，保险公司在保险合同项下承担的仅仅是经济补偿义务，对于事故车辆的修理以及相关的事宜并没有负责义务。由于车险理赔对修理厂的高度依赖，因此保险公司逐步加大了与修理厂的合作力度，比如委托拖车、代索赔等一条龙服务措施，从而大大提高了保险公司的服务水平。

5. 道德风险普遍

在财产保险业务中，汽车保险是道德风险的"重灾区"。汽车保险具有标的流动性强、信息管理中存在缺陷、保险信息不对称等特点。汽车保险条款不完善，相关的法律环境不健全及汽车保险经营中的特点和管理中存在的一些问题和漏洞，给了不法之徒可乘之机，汽车保险欺诈案件时有发生。

14.2 车险理赔流程

被保险人在使用标的发生保险事故后应向承保公司报险，同时保险公司应立即启动理赔程序。随着网络化办公的普及，现在保险公司的理赔流程与传统理赔流程有一些细微的变化，不同保险公司之间也存在着一定差异。

14.2.1 保险责任的确定及费用审核

1. 保险责任的确定

保险责任的确定是理赔时的一项非常重要的工作，是根据现场查勘记录、查勘报告、事故责任认定书及事故损害赔偿调解书，按照保险法、机动车保险条款及有关解释的规定，全面分析事故的主客观原因，以确定其是否属于保险责任范围和赔偿范围的一项工作。

（1）责任审定的主要内容。

此项包括确定是否属于保险责任的范围；审定发生的损失是否由保险条款所规定的自然灾害或意外事故所引起；如属于保险责任范围，应予赔付，否则应拒赔；是否在保险有效期内；是否属于第三者责任；审定被保险人所提供的单证。

（2）责任审定时的注意事项。

要依法履行保险合同的条款。保险合同对保险当事人具有约束力，对于个别典型案例，在机动车保险条款及条款解释中含混不清的，不能急于下定论，要集体讨论、研究决定。要熟悉法规条款，实事求是地审核定性。保险责任确定工作的一个首要任务是理赔人员必须熟悉法规、条款及有关规定，这样才能准确定性。确定保险责任时要根据法规、条款及有关规定，认真审定灾害事故的性质、发生原因、责任范围和各种证明文件的可靠性、有效性和权威性。

2. 审定中应注意的问题

（1）对货车拖带挂车发生第三者责任情况的掌握。

货车拖带挂车或其他拖带物发生第三者责任后，如果货车（或牵引车）和拖带的挂车（或其他拖带物）均投保了第三者责任险，肇事后可予负责。如果货车和拖挂车（或其他拖带物）二者只保了其中之一，发生第三者责任险事故后，不负责赔偿。

（2）抢救车辆不慎造成他人财物损毁，视为合理费用。

被保险车辆发生保险责任事故后，由抢救车辆不慎造成他人财物损毁的，如果应由被保险人负责的费用，可视为合理费用，保险人可以酌情予以赔偿，但对在抢救出险的保险车辆时，参加抢救人员的个人物品的损坏、丢失，保险人均不负赔偿责任。

（3）对合理的施救损失，承担赔偿责任。

车辆发生较大事故（如严重碰撞及倾覆）后，往往需要进行施救才能使出险车辆脱离现场。被保险人未采取合理的施救及保护措施，致使事故损失扩大，其扩大部分不在赔偿范围之内。如未对出险车辆派人现场看护，致使车上设备及零部件丢失。一般情况下，在对车辆进行施救时，难免对出险车辆造成再次损失（如使用吊车吊装时，钢丝绳对车身的漆皮损伤）。对于合理的施救损失，保险公司可承担赔偿责任；对于不合理的施救损失，保险公司则不承担赔偿责任。

（4）参加施救的车辆又出险。

对参加施救的车辆在施救途中发生新的事故，属于保险责任范围内的，保险人只对被保险人自己的或他人义务派来的车辆的损失负责赔偿；而对被保险人雇请的或以支付施救费用为前提的施救车辆所造成的损失不负赔偿责任。

（5）第三者责任的认定。

被保险人允许的驾驶人员在使用被保险车辆的过程中发生意外事故，致使第三者遭受人身伤亡或财产的直接损毁的，依法应当由被保险人支付的赔偿金额，保险人依照保险合同的规定负责赔偿。但被保险车辆被人私自开走，或未经车主、保险车辆的所在单位负责人同意，驾驶人员私自许诺他人开车，均不能视为"被保险人允许的驾驶人员"。此类情况下如发生肇事，保险公司不承担赔偿责任。

（6）车辆损失扩大部分不赔偿。

对被保险车辆因发生保险事故遭损失后，由于被保险人的原因而没有及时进行必要的检查和修理，在车辆未达到正常使用标准前继续使用，造成车辆损失扩大部分，保险人不负赔偿责任。例如，机动车在遭受水灾后，发动机缸体内吸入泥水，被保险人未做检查修理而盲目发动，致发动机缸体拉伤损坏，保险人不负责赔偿。

3. 临界于保险责任与责任免除之间的责任确定

在保险理赔实践中，常常发生一些特殊情况，这些特殊情况往往处在可赔可不赔、可多赔可少赔之间。怎样对待这些特殊情况，是衡量保险公司理赔人员业务水平的标准。处理得合理、准确、及时，双方满意为好，相反则说明不好。现将常见特殊情况列举如下：

（1）出险后未能及时报险，私自决定修理，然后报险要求赔偿的，保险人不负赔偿责任。

凡是保险车辆出险后造成损坏，被保险人应在 48 小时内向保险公司报险，并经保险人查勘估损后送修理厂修理，未经保险人定损估价而自行修理，然后才报险，使保险人无法对事故损失查勘核实的，原则上保险人不负赔偿责任。但确有特殊情况的，如通信不便、被保险人伤残或死亡等原因，保险人可以根据照片和修理厂估价单、修理费用清单进行审核，通过协商，由被保险人自负部分经济责任，保险人赔偿部分损失。

（2）由机械故障造成被保险车辆出险。

对于由于被保险人未做好车辆正常的维护保养，使之带病行驶并发生机械故障如转向盘失灵、传动轴脱落、制动器失灵等而引起碰撞、翻车，在证据确凿的情况下，保险人应剔除其直接引起事故的材料费用，并且视情节由被保险人承担全部或部分经济损失。

（3）被保险车辆出险后，驾驶人员逃离或离开事故现场，造成责任加重。

肇事后驾驶人员有意逃离或离开事故现场，造成责任加重，或肇事后驾驶人员有意逃离事故现场后被警方查获或自首，被裁决负全部责任的，保险人视其情节只能承担事故损失的部分赔偿责任。

（4）造成被保险车辆损失的第三者下落不明，根据实际情况赔付。

被保险车辆出险，被保险人有责任指明第三者责任。但因第三者逃离，报警方查无结果。无警方证明的，保险人可以拒赔；有警方证明的，被保险人应自负部分经济损失。如果是在停放时，被保险人不在现场，被保险车辆被其他车辆碰撞损坏，肇事人逃离或被人用其他工具砸损、点燃烧损，报警方查无着落的，被保险人无法提起诉讼。有调查证明的，保险人承担部分赔偿责任；无调查证明的，保险人可以拒赔，也可以根据实际情况通融赔付。

（5）公安交警在事故处理调解书中的损害赔偿超出规定超出标准的由被保险人自负。

在肇事处理过程中，当公安交警部门对事故处理意见书或调解书的损害赔偿与《道路交通事故损害赔偿标准》不相符时，保险人应对超出部分在理赔计算时扣除。超出标准的损失赔偿应该由被保险人自负。

（6）被保险车辆事故的修理费用接近或高出保险标的的实际价值。

保险人对被保险车辆的修理费用一般控制在实际价值的 70% 以内，若超过 70% 则说明该车损失严重，接近报废程度，可以推定全损。保险人按实际价值扣除残值和责任免赔后赔付。

（7）事故裁决书对肇事双方责任未明确分摊比例的处理。

发生保险责任事故时，在交通肇事处理意见书中，未按责任大小明确各自经济损失分摊比例的，保险人可以按主责承担 70%、次责承担 30% 的比例分担经济责任。

（8）私自了结责任处理不赔。

被保险车辆发生交通事故后，必须报警，由公安机关交通管理部门依法处理；未按规定报警处理的,由双方肇事人私自了结的,保险人有权拒赔。如果事故发生在非正规交通道路上,可以通过当地派出所,也可以直接报保险人调查处理,私自了结所发生的费用完全由被保险人承担。

14.2.2 审定被保险人所提供的单证

1. 索赔单证必须真实可靠

被保险人所提供的索赔单证必须真实可靠。被保险人如果有涂改、伪造单证等欺诈行为,保险人有权拒绝赔偿。

2. 索赔单证必须齐全有效

被保险人所提供的单证必须齐全、有效,包括:保险单正本、出险通知书、驾驶人员执照复印件(正、副本)、行车执照复印件、与事故有关的原始发票、收据、现场照片、事故经过。属单方事故的必须有保险公司理赔人员的现场查勘报告;属于双方责任事故,必须提供处理事故机关的《事故责任鉴定书》及《事故损害赔偿调解书》。

3. 其他单证

对于不同类型事故,除提供上述单证外,还应提供以下单证:

(1) 撞车事故:应提供双方车辆的估价单、修理项目清单及原始发票。

(2) 致人伤残事故:应提供县级以上医院出具的诊断证明书、公安部门出具的伤残等级评定结论、误工护理工资证明、病休证明、家庭情况证明、医疗费原始单据,外购药品要有外购处方。

(3) 致人死亡事故:应提供死亡证明书、家庭情况证明或户籍本复印件。家庭情况证明用于核定死者及被抚养人的年龄、抚养年限、确定赔偿金额。

(4) 失窃事故:要求提供公安部门的立案证明,60日后未破获案件证明;被保险人在电台、报刊登载寻车启示的证明、行车执照、附加费本、购车发票、保险证、丢失车车钥匙,并填写《权益转让书》一式3份。

(5) 火灾事故:要求提供公安消防机关出具的火灾原因鉴定证明。

(6) 车上责任事故:车上人员伤亡要求有医院的诊断证明、死亡证明、医疗费收据。车上货物损失应提供提货发票、验货发票、损失项目清单。

14.2.3 损失费用的审核

理赔内勤在对被保险人所申报的索赔事故进行保险责任确定后,应对其提供的损失费用票据进行审核。损失费用的审核是否准确,直接关系到保险人能否准确、合理地履行经济赔偿义务。损失费用的审核应严格按照损害赔偿规定及标准进行。

14.2.4 对赔案中常见的间接费用和不合理费用,保险人不负责赔偿

1. 间接费用

间接费用包括通信费、停车费、招待餐费、交警部门收取的大事故处理费和罚款、查勘现场租车费、伤者家属的医疗费、家庭生活困难补助费等。以上费用在审核时应予以剔除。

2. 不合理费用

（1）未按照交通事故责任承担的费用，如负事故次要责任，却承担全部费用或大部分费用。

（2）未按照当事人法定承担的份额赔偿的费用。

（3）其他超出赔偿标准的费用。

对于这些费用在核定时应严格按照规定处理，超标准的费用应予剔除。

3. 损余物资处理

机动车发生碰撞或倾覆事故后可能会造成车上所载货物及第三者物资财产的损坏。对于本车所载货物的损失若未投保车上责任险或货运险，则可考虑不予核损，但若已投保车上责任险或货运险，按照保险赔偿原则应对损坏物资进行鉴定并进行损失费用的核定。

对于一般普通类物资（商品），定损员可通过现场查勘进行一般性常规外观检查予以鉴定，但对于机电类物资设备（产品）除进行常规性检查之外，必要时还应进行技术检测及技术鉴定实验。

一般情况下，有些物资在受损后经过整理和修复完全可以使用；有些物资虽经修复但又不能保证原有的性能及质量，要降质使用；有些物资则无法修复，不能恢复原有的使用性能，只能报废，按全损处理。在实际查勘定损处理过程中，因为大多数损坏物资都属于商品（或产品），因此，在处理方面往往难度较大，即便是通过整理、修复可以使用，但作为物资所有者（商品销售者）往往强调其物资属商品（产品），整理、修复后的物资销售困难或要降价销售。在处理此类问题时，定损人员要实事求是，合情合理地处理。做到物尽其用；准确核定实际损失费用；在对损坏物资进行修复安排时，应尽可能创造条件保证修复后能符合原产品的技术要求与质量标准。

14.3 索赔的基本程序

被保险人买车险就是为了在出险时能获得保险公司的赔偿，如果了解保险公司的索赔手续就可以更快地取得赔款；了解保险公司的拒赔规定，就能在车辆使用或索赔时避免不当行为，减少被拒赔的可能性。如果投保车辆万一发生不测，遭受意外事故或自然灾害，被保险人及驾驶人员应积极采取措施进行施救并保护好现场，同时向保险公司报险并通知有关部门，然后提出索赔申请。

14.3.1 报险、定损和修理

1. 通知出险和提出索赔要求

保险事故发生后，被保险人首先要立即报案，通知公安机关交通管理部门和保险公司，然后提出索赔请求。被保险人或受益人应当将保险事故发生的时间、地点、原因及造成的损失情况以最快的方式通知保险人，便于保险人及时调查核实，确认责任。同时，被保险人或受益人也应当把保险单证号码、保险标的、保险险种险别、保险期限等事项一并告知保险人。如果保险标的在异地出险受损，被保险人应向原保险人及其在出险当地的分支机构或其代理人报险,这就是通知出险。

2. 报险的基本要求

(1) 如果是在本地出险,被保险人或驾驶人员应立即前往(或电话通知),向所投保的保险公司报险。在报险时,被保险人或驾驶人员应向保险公司工作人员出示保险单正本。保险公司工作人员检验保险单后,将提供《机动车出险登记表》《机动车保险出险通知书》和《机动车保险索赔须知》。被保险人要根据事实详细填写有关内容并签章。被保险人或驾驶人员若用电话报险,事后应及时补填《机动车出险登记表》和《机动车保险出险通知书》。

(2) 如果是在外地出险,被保险人或驾驶人员应及时向当地相应的保险公司报险(根据各保险公司的规定,在全国范围内任何一家保险公司的分支机构均有为其他公司代办理赔业务的责任),并在48小时内通知承保的保险公司,在当地公司根据实际情况查勘定损完毕后,被保险人即可向承保公司办理索赔。

(3) 保险车辆被盗抢,应在24小时内向出险地公安刑侦部门报案;必须48小时内通知保险公司,并携带保险单和机动车保险证向保险公司索取出险通知单,由被保险人按表内各栏规定如实填写,字体要端正清楚,单位的车辆要盖单位公章,私人的车辆要本人签名。

(4) 根据被保险人填写的《机动车出险登记表》,保险公司工作人员将使用计算机查抄保险单和批单。被保险人填写出险通知书,也就是索赔申请书。对于上门报险的,由保险公司的接待人员指导报案人当场填写。对于其他方式报险的,在事故查勘、核定损失时,由保险公司的专业人员现场指导填写,单位的车辆还需加盖单位公章。

3. 报险时须注意问题

(1) 报险期限:保险事故发生后48小时内通知保险公司。

(2) 报险方式:到保险公司报险,电话(传真)报险,业务员转达报险。

(3) 报险内容:被保险人姓名,保单号,保险期间,保险险别,出险时间、地点、原因,出险车辆牌号、厂牌、车型,人员伤亡情况,伤者姓名、送医时间,医院名称、地址,事故损失及施救情况,车辆停放地点,驾驶人员、报案人姓名及与被保险人的关系、联系电话、施救情况。

4. 接受保险人的检验

保险人有权进行现场查勘,而被保险人负有接受检验的义务。因此,被保险人应根据保险人的要求,提出检验申请,接受保险人或其委托的其他人员(如保险代理人、检验机关)的检验,并为其进行检验提供方便条件,用以保证保险人及时、准确地查明事故原因,确认损害程度和损失金额等。

5. 查勘与定损

保险公司在接到客户的报险后,会及时派出专业人员赶赴事故现场,对保险责任范围内的事故进行查勘、定损,协助处理和分析事故原因,了解事故损失,告知理赔注意事项。被保险人及驾驶人员应积极配合保险公司的查勘员调查取证，如实回答查勘员提出的问题，主动与保险公司的定损人员一道确定事故车辆的损失情况并在评估单上签字后，将车辆送到修理厂修理。

因保险事故受损或造成第三者财产损坏，应当尽量修复。修理前，被保险人须会同保险公司核定损失，确定修理项目、修理方式和费用。

6. 事故车辆的修理

受损的保险车辆需进厂修理的，一律要经保险公司查勘估价，经核损认可，出具估价单。定损后由被保险人自行选择修理厂修车或到推荐的修理厂维修。若客户未经保险公司认可自行修理，对修理费用保险公司有权重新核定甚至拒绝赔偿。对在外地出事并已委托代查勘定损的车辆，须经保险公司核定认可其估价单后，方可维修。

14.3.2 索赔时应提供的单证

被保险人在索赔时要带全所需的必要单证。被保险人或受益人在提出索赔时，应当根据有关法律和保险合同的规定，在公安机关交通管理部门对交通事故处理结案之日起10日内，向保险人提供事故的相应的索赔单证，如事故证明、裁决书、赔偿调解书等，这样保险人才会接受其索赔。

被保险人应妥善保管各种必要单证，如修理保险车辆、赔偿第三者受损财产时开具的发票以及抢救治疗受伤人员时医院开具的票据等，以便在索赔时提供给保险公司；积极配合有关部门办理理赔手续，并根据保险公司的需要提供这些资料，以便保险公司确定保险赔偿责任。

公安机关交通管理部门结案后，被保险人可携带出险证明、事故责任认定书、事故调解书、损失技术鉴定书或伤残鉴定书、有关原始单据以及其他证明及材料到所投保的保险公司办理索赔。

1. 领取赔款时应提供的单证

被保险人领取赔款时须提供：出险登记表、被保险人身份证、公章、取款人身份证。

2. 向保险人开具权益转让书

由于车辆保险具有补偿性，被保险人不能在补偿其保险车辆损失的范围以外获取利益，因此，在车辆保险的索赔和理赔中适用代位追偿和委付制度。对于涉及第三者赔偿责任的时候，被保险人应当向保险人开具转移其向第三者索赔权给保险人的书面转让文件，用以证明保险人在向被保险人赔付后享有的向第三者追偿的权利。

此外，在推定车辆保险的保险标的全损的情况下，被保险人也可以向保险人申请委付，但是，被保险人必须出具转移保险标的的一切权利给保险人的书面文件。

3. 确认赔偿金额、领取保险赔款

被保险人提供齐全、有效的索赔单证后，保险公司即根据条款、单证进行赔款理算，然后向被保险人说明赔偿标准和计算依据，若被保险人对赔款没有异议的，即可领取赔款。一般情况下，赔偿金额经双方确认后，保险公司在10日内一次性赔偿结案，赔款收据上应填写开户银行账号、盖上财务公章。如为私人车辆，则由被保险人签名，经保险公司审核无误后，被保险人凭本人身份证到保险公司领取赔款。

在被保险人领取了保险赔款后，其据以索赔的保险单是否继续有效，要根据具体情况来处理。对于车辆损失险来说，被保险人领取了全部保险赔款后，其保险单的效力终止；对于第三者责任险，其保单因无责任限额，在被保险人领取了部分保险赔款后，根据保险合同的约定，保险单继续有效，故原则上是在保险人赔付后继续有效至保险期限届满，若该类保单规定了累计限额的，则在扣除赔偿金额后的余额范围内继续有效。

4. 索赔时应注意的问题

（1）保险车辆发生的损失是第三方造成的，应由其负责赔偿时，被保险人首先应向第三方索赔。如遇第三方不予支付的情况，被保险人应向人民法院提起诉讼，然后携带人民法院的受理证明，请求保险公司先行赔付。

（2）如果保险车辆的事故属单方性质，被保险人在及时报案并经承保公司现场查勘后，在办理索赔时可不必提供事故证明。

（3）如果保险车辆被盗，被保险人应办理被盗车辆的封档手续。若查找 60 日无下落，则其可向承保公司索赔。封档手续如下：被保险人持案发地派出所证明到车管所领取封档表，持封档表到派出所、所属分局刑警队、公安局主管处室分别盖章，然后送往车管所封档签章。

14.3.3 当事人在索赔和理赔中的权利和义务

为保证索赔理赔工作的顺利进行，《保险法》及具体的保险合同规定了各方当事人在索赔和理赔过程中的应当享有的权利和承担的义务。

1. 被保险人的权利和义务

（1）权利。

如果被保险人履行了所承担的各项义务，就有权在保险单许可的范围内要求保险人赔偿保险事故造成的损失或给付保险金。保险人对于其保险责任项下的款项应当迅速赔付，不得以其权利（诸如代位求偿权或分摊权等）尚未实现为由而暂缓赔付。否则，将构成违约。

（2）义务。

①发生保险事故的通知义务。

②施救的义务。

③提供索赔单证的义务。

2. 保险人的权利和义务

（1）权利。

①调查权。

为使审核损失、确定责任的工作得以顺利进行，法律赋予保险人调查损失的权利。基于这一权利，保险人得以进入事故现场，调查事故发生的原因及造成的损失情况。必要时，保险人有权聘请专门机构和人员评估损失。并且，保险人有权审核被保险人或受益人提交的索赔单证是否真实、齐全。

②代位求偿权。

代位求偿权表现为如果第三者对于保险标的的损失依法负有赔偿责任时，保险人在向被保险人进行赔付时，有权要求被保险人将其享有的对第三者的赔偿请求转移给保险人自己。然后，保险人得以代被保险人向第三者追索赔偿。保险人取得代位求偿权的前提是向被保险人履行了保险赔偿义务。如果被保险人作为受害人已经从第三者处得到了赔偿，且所得赔偿的数额大于或等于保险人依保险合同所应赔付的数额时，被保险人在保险合同中的索赔权随之消灭，则保险人也就不存在代位求偿的权利。

③分摊权。

分摊权存在于重复保险的财产保险合同中。具体来讲，如果投保人就同一保险标的分别向两个或两个以上的保险人投保，导致各个保险合同的赔偿总额超过了被保险人的实际损失的，则构成重复保险。在重复保险的情况下，被保险人只向其中一个保险人提出索赔请求时，该保险人有权向其他保险人要求，按一定的分摊方法承担各自的赔偿责任。保险人要求其他保险人分摊损失的权利即为分摊权。

（2）义务。

保险人在索赔和理赔过程中的主要义务是：根据被保险人或受益人的索赔要求，及时正确地进行理赔，依据法律和保险合同的规定，向被保险人或受益人予以赔付。如果保险人应当赔付而未予赔付，或故意拖延赔付，或所赔付的数额小于应当赔付的范围的，则均构成违约行为，其依法要承担违约责任。

14.4 赔款计算及基本程序

计算赔款是理赔工作的最后环节，也是理赔工作的关键、重要一步。被保险车辆发生事故后经现场查勘、调查、定损以至事故车辆修复后，由被保险人提供单证、事故责任认定书、损害赔偿调解书、车辆估损单、修理清单和修车发票以及各种其他赔偿费用单据，经保险责任审定、损失费用核定后，应按车辆损失险、第三者责任险、施救费用、车辆附加险等分别计算赔款金额。

14.5 未决案件

14.5.1 未决案件概述

1. 未决案件现状

（1）个别保险公司未决赔案无专人管理或管理人员兼职过多，且对自己的职责不清，造成未决赔案无人管理或管理混乱，出现未决赔案在办公职场内随意摆放等现象，进一步加大了未决管理的风险。

（2）个别保险公司未决管理的流程和标准模糊，不清楚如何进行未决赔案管理及未决赔案应该管理到什么程度,出现了在规定时效内不及时收取查勘员和定损员的未决资料、"有案无卷"、客户提供索赔材料后不能及时得到赔付的现象。

(3) 个别查勘员不能按照车险理赔流程处理案件,出现定损完毕后不能将未决材料及时上传易保系统,不能及时转交未决管理岗,造成单证不全,造成材料遗失、残缺等现象。特别是在查勘员流动时,不能及时进行工作交接,导致整个案件无法处理。

(4) 个别未决管理岗不能及时对立案金额进行修改,出现预估损失偏差较大,最终导致赔付率不真实,影响公司对车险经营管控的决策。

2. 未决赔案的定义

未决赔案是指保险事故业已发生,保险人尚未核准赔付的赔案。它包含3类案件:

(1) 业已发生尚未报险的赔案。

(2) 业已报险,公司业务系统尚未确认责任、损失进行立案的赔案。

(3) 系统业已立案,但尚未做已决结算的赔案。

3. 岗位职责

(1) 客服负责人。

保险公司各机构客服负责人为未决管理第一责任人,负责对本机构未决赔案的真实性、准确性负责。

(2) 查勘定损岗。

查勘定损岗应在规定时间内对案件进行查勘、定损,并及时将未决材料上传保险公司系统,同时转交未决管理岗,保证实际流转和保险公司系统完全统一。

(3) 未决管理岗。

及时对未决材料进行跟踪催办,督促未决卷宗的及时流转,保证做到"一案一卷、案卷相符";及时对未决赔款准备金的提取进行修改,有效降低预估损失偏差率;及时清理未决赔案,督促被保险人或本公司相关人员及时结案;定期对未决赔案进行统计分析,掌握未决原因,为理赔负责人制定相关措施提供依据。

4. 未决赔案的单证

被保险人在出险时向所在保险公司报险,所在保险公司受理并形成报险号后,即形成未决赔案,未决管理岗即应建立未决档案,并根据案件处理的进程随时添加案件材料,未决材料一般包括出险通知书、现场查勘报告、人伤调查报告、定损单、现场相片及其他必要文件。

14.5.2 未决管理

1. 未决管理主要内容

(1) 每日上午11点前,建立前一日的所有新增的未决报表。

(2) 打印抄单,建立手工未决档案。

(3) 根据电子报表进行定损、核损、缮制、核赔的催办;未决报表必须反映每一笔赔案从受理开始的流转过程和现时状态,24小时内必须保证查勘定损信息的录入及纸质未决档案的建立,确保所有报案从受理开始,24小时内生成未决档案,上传车损信息。

（4）进行定损核损缮制核赔的催办，对每笔不能在规定时效内结束的案件备注说明，如超过总公司要求时效无法处理个案，必须及时转发核损核赔协调人；并对以往发生未能及时处理的未决赔案进行复查，每日下午 5 点前将当日未决的报表信息刷新并发至各机构理赔负责人。

（5）负责对客户材料的收集受理，对客户材料已受理因疑问或材料缺失，导致不能处理的案件进行沟通，找寻具体负责人或电话催促客户进行办理，对全辖所有发生的未决进行每日清理，对客户超过 1 周未主动办理进行电话联系，并备注个案具体进展，必须对每个不能及时结案的赔案进行逐个说明，并进行定期复核。每日下午 5 点前将当日下发的报表信息刷新并反馈汇总至理赔负责人。

（6）进行未决齐全案件的分派及缮制核赔流程的催办监督。

（7）对在 48 小时时效内未完成易保查勘定损信息录入及纸质未决材料未能齐全归档的，附案件跟踪单每周进行催办清理。

（8）客户手续不齐全的案件，每月进行催缴手续并清理，并在案件跟踪单中详细记录处理过程，如与谁联系的、电话号码是多少、缺少什么手续，客户如何答复等，便于其他工作人员接手后仍可清晰地进行工作。

（9）已完成立案处理案件必须形成物理卷宗，由未决管理岗统一管理，必须做到"一案一卷，案卷相符"。未决档案应按赔案号码先后顺序进行保管，除理赔负责人外他人不得调阅档案。特殊原因需要调阅案卷的，如法律诉讼，需经理赔负责人签字同意，办理借阅手续后方可调档。

2. 未决案件清理的目的

（1）加快案件处理时效，有效提高及时结案率。

（2）保证未决赔案数据的真实性，为业务决策及理赔管理提供依据。

（3）体现保险行业"以客户为中心"的服务理念，提高理赔工作的主动服务意识。

3. 未决案件管理的要求

各保险公司要对未决赔案不断跟踪，及时清理，查明未决原因，并做好清理记录，这就要求各保险公司做到以下几点：

（1）未决案件管理岗定期（最长不得低于 2 个月）在保险系统中设置该保险公司的《未决清单报表》，并按报表设置清理台账。

（2）按《未决清单》逐个向被保险人核实未决原因，并做详细记录。未决原因可按以下情况进行分类，见表 14-1。

表 14-1 未决原因分类

序号	未决案件	序号	未决原因
A	交警未决、法院诉讼的	B	人伤未愈继续治疗的
C	被保险人未提供索赔材料或材料不全的	D	赔款有争议的

(续表)

序号	未决案件	序号	未决原因
E	疑难案件需进一步调查核实的	F	损失不足绝对免赔额或待拒赔案件的
G	被保险人逾期自动放弃索赔的	H	索赔材料已提供未及时理算的

4. 未决注销（零结案）

未决注销（零结案）未决赔案是指在规定时间内已作立案处理，立案后事实确认可以撤销的案件。注销（零结案）未决赔案必须坚持"实事求是"的原则，对于要实行注销的案件应慎之又慎。原则上可注销的未决案件有：

（1）重复报案、重复立案的。

（2）双方事故标的无责的。

（3）小额车损物损，被保险人逾期两年以上不提供资料索赔的。

（4）立案后有足够理由说明被保险人放弃索赔的。

（5）赔偿金额小于绝对免赔额的。

（6）立案后发现明显不属于保险责任的。

14.6 理赔案卷的制作和管理

14.6.1 理赔案卷制作

1. 编制损失计算书

理赔人员完成保险责任的确定、损失费用的审核后，应按照计算原则及方法编制《机动车损失计算书》。编制计算书时应注意以下几个问题：

（1）有关证明和单证材料要齐全。

如报案登记表、出险通知书、查勘理赔工作报告、原始单据、第三者人身伤亡的医疗费单据、赔偿第三者的收款收据、施救费用清单和单据、查勘费用单据、汽车修理项目清单和费用单据、公安机关交通管理部门出具的责任认定材料、现场照片以及修车协议书（车辆估损单）等有关材料。

（2）正确填写《机动车损失计算书》。

《机动车损失计算书》是支付赔款的正式凭证，保险人对其各栏要根据保险单、查勘理赔工作报告及有关证明单证详细核对填写，项目要齐全，计算要准确，数字、字迹要清晰，不可有任何涂改。损失计算要列明计算公式，由经办人员盖章。

2. 赔案综合报告书

赔案综合报告是对一个赔案整个处理过程简明扼要的文字表述，要求文字表达准确、简练，内容要全面。任何人（包括赔案复核人、审核人）在阅读赔案综合报告后都能够对保险标的的承保情况、事故发生情况、保险责任确定以及损失费用核定情况有所了解，并能清楚整个赔案处理是否准确合理。赔案综合报告书要素包括以下内容：

(1) 保险标的承保情况。

此项包括被保险单位或被保险人、车辆损失险投保金额、车辆重置价、第三者责任险限额、附加险投保情况、保险有效期限等。

(2) 事故情况。

此项包括事故发生时间、地点，事故类型（碰撞、倾覆或其他自然灾害），交通事故处理机关经查勘事故现场后分析认定事故责任情况，以及损害赔偿调解、经济损失分担情况（包括承担比例及损失赔偿费用）。

(3) 保险责任确定情况。

此项包括保险公司查勘及定损人员现场查勘调查情况以及依据保险条款对是否属于保险责任的确定。

(4) 损失费用核定情况。

损失费用核定应分项表述，如车辆损失费用核定情况，施救费用核定情况，第三者损失费用核定情况（人、车、物），附加险损失费用核定情况。在分项表述时应重点表述核减、剔除费用的原因及依据。

(5) 赔款分项计算情况及总赔款数。

赔案综合报告在一般情况下要求全用文字表述，但考虑到理赔内勤的工作量以及要做到让综合报告简单明了，对一些基本通用情况，如保险标的的承保情况及事故处理情况中的事故发生时间、地点、事故类型等，可采用表格形式，其他要素则采用文字表述形式。

14.6.2 理赔材料的整理与装订

机动车保险理赔案卷内的理赔材料，一般排列顺序如下：

(1) 赔案审批单。

(2) 赔案综合报告书及赔款计算书。

(3) 出险通知书。

(4) 机动车保险单抄件。

(5) 被保险车辆出险查勘记录（现场查勘报告）。

(6) 事故责任认定书、事故调解书或判决书及其他出险证明文件。

(7) 保险车辆损失估价单（含附加车上责任险损失估价单）。

(8) 第三者责任损失估价单（车、物）。

(9) 事故损失照片（含事故现场照片、车辆损失照片、物资损坏照片）。

(10) 损失技术鉴定书或伤残鉴定书（含病历、诊断证明）。

(11) 有关原始单据。要求分类排列：

①车辆修复原始发票及修理厂修理清单。

②车辆施救票据。

③物资损坏修复费用票据。

④人员受伤医疗票据。

⑤其他赔偿费用票据。

要剔除不合理的费用单据,应另行粘贴,以便退还给被保险人。

(12) 赔款收据。

(13) 权益转让书。

(14) 其他有关证明、材料。

案卷装订时,原始单据、照片一律要求贴在粘贴单上,要排列整齐有序。各种材料每页应在其右上角空白处依序编号。案卷目录应能反映出案卷内各种材料的数量(特别是原始票据数量),做到编排有序,目录清楚。案卷装订应按各保险公司有关档案装订的规定进行,案卷装订要整齐牢固、美观大方。

14.6.3 理赔案卷的管理

理赔案卷应做到"一案一档",防止"一档多案"。在将理赔案卷入档之前,理赔内勤人员要认真在理赔档案保管登记簿上登记。登记的主要内容有归档日期、案卷序号、赔案编号、被保险人姓名等。登记簿要指定内勤人员专人管理,便于查找调阅案卷。案卷管理是一项长期、细致的工作,应指定专人负责管理。通常当案卷整理、装订完毕并分类编号登记后,应按类号装盒归档,有序陈放,并按业务档案的管理规定进行妥善保管。

📋 任务实施

☞ 任务准备

(1) 防护装备:警戒带、服装、抹布、灭火器。

(2) 工具设备:整车、卷尺、相机、电脑、保单、理赔软件系统。

(3) 辅助资料:定损报告、事故车辆损失确认书、零件查询系统、机动车赔款计算书、卡片、记号笔、翻纸板、参考书。

☞ 实施步骤

(1) 通过给出的案例材料,进行赔款计算。

(2) 将学生分成4组讨论、分析案例并记录。

第一组通过给出的案例材料,完成案例一的赔款计算,并用文字说明。

第二组通过给出的案例材料,完成案例二的赔款计算,并用文字说明。

第三组借助理赔软件系统,完成案例一的赔款计算书的填写。

第四组借助理赔软件系统,完成案例二的赔款计算书的填写。

📖 任务报告

任务:车险理算及案件制作				
班级		姓名		
组别		组长		
1. 接受任务 (5分)			得分:	

（续表）

你是一名汽车服务与营销专业的二年级学生，现在开始学习"汽车保险与理赔"这门专业课程，需要对两个车险事故进行赔款计算，请利用教材、车险理赔软件、参考书及网络资源进行检索并将相关信息总结、记录到报告中
2. 信息收集（20分）　　　　　　　　　　得分：
（1）利用"互联网+"的形式，认真查询理赔计算公式； （2）借助理赔软件系统进行零部件价格的查询，完成事故赔款计算书的填写
3. 制订计划（15分）　　　　　　　　　　得分：
请根据工作任务制订工作计划及任务分工。

序号	工作内容	工作要点	负责人

4. 计划实施（50分）　　　　　　　　　　得分：
（1）通过给出的案例材料，完成案例一的赔款计算，并用文字说明。（15分）
（2）通过给出的案例材料，完成案例一的赔款计算，并用文字说明。（15分）
（3）借助理赔软件系统，完成案例一、二的赔款计算书的填写（20分）

机动车赔款计算书

保险单号：　　　　　　　　　　　　　立案编号：
报案编号：　　　　　　　　　　　　　赔款计算书号：

被保险人		条款类别	
厂牌型号		车辆购置价/元		事故类别	
号牌号码		车损保险金额/元		责任比例/%	
出险日期	年 月 日	第三者险责任保限额/元		免赔比例/%	
出险地点		保险期间	自 年 月 日零时起至 年 月 日 24 时止
分险别赔款计算公式			

（续表）

交强险			
医疗费用赔偿			
死亡伤残赔偿			
财产损失赔偿			
支付抢救费用（人民币大写）：		元（¥：	元）
垫付抢救费用（人民币大写）：		元（¥：	元）
交强险赔款合计（人民币大写）：		元（¥：	元）
车损险			
第三者险			
附加险			
鉴定费：　　　　元	代查勘费：　　　元	诉讼、仲裁费：　　　　元	
其他费用：　　　　元	预付赔款：　　　元	损余物资/残值金额：　　元	
商业保险赔款合计（人民币大写）：		元（¥：	元）
赔款总计（人民币大写）：		元（¥：	元）
经理签字： 　　年　月　日	主管签字： 　　年　月　日	理赔师签字： 　　年　月　日	经办人签字： 　　年　月　日
上级审批意见： 　　　年　月　日			
5. 检查评价（10分）　　　　　　　得分：			
请根据成员在完成任务中的表现及工作结果进行评价。 　　自我评价：_____ 　　小组评价：_____			
任务总成绩：			

实操训练

模块：汽车营销评估与金融保险服务技术（中级）		考核时间：50 分钟	
姓名：	班级：	学号：	考评员签字：
初评：☞合格 　　　☞不合格	复评：☞合格 　　　☞不合格	师评：☞合格 　　　☞不合格	
日期：	日期：	日期：	
考核项目：客户信息管理与数据应用［实操考核报告］			

1. 查询指定事故案卷并分析。

（1）事故及定损数据分析。

品牌	车型	事故原因	车主姓名	事故责任人	事故时间	事故地点
定损部件	发动机◎ 变速箱◎ 转向系统◎ 制动系统◎ 悬架系统◎ 车身◎ 电气◎ 玻璃◎ 内饰◎					
维修项目						

（2）理赔数据分析。

配件金额/元	工时金额/元	保险种类	车主承担率/%	银行承担率/%	理赔金额/元	续保率/%

参考文献

[1] 常兴华. 汽车保险与理赔一体化教程 [M]. 2版. 北京：机械工业出版社，2023.

[2] 赵长利，李景芝. 汽车保险与理赔 [M]. 北京：机械工业出版社，2021.

[3] 锁辉. 汽车保险与理赔 [M]. 北京：化学工业出版社，2021.

[4] 荆叶平. 汽车保险与公估 [M]. 2版. 北京：人民交通出版社，2017.

[5] 贾林青. 保险法 [M]. 6版. 北京：中国人民大学出版社，2020.

[6] 梁军. 汽车保险与理赔 [M]. 5版. 北京：人民交通出版社，2019.

[7] 郭颂平，赵春梅. 保险营销学 [M]. 4版. 北京：中国金融出版社，2018.